与美相遇
与爱同行

基于"德育·教研"的学科教育教学研究

李楚英 张玉秀 俞孝源 / 主编

北京燕山出版社

BEIJING YANSHAN PRESS

图书在版编目（CIP）数据

与美相遇　与爱同行：基于"德育·教研"的学科
教育教学研究 / 李楚英，张玉秀，俞孝源主编. — 北京：
北京燕山出版社，2021.8
　　ISBN 978-7-5402-6164-1

Ⅰ. ①与… Ⅱ. ①李… ②张… ③俞… Ⅲ. ①小学—
课堂教学—教学研究 Ⅳ. ①G622.421

中国版本图书馆CIP数据核字（2021）第169148号

与美相遇　与爱同行：基于"德育·教研"的学科教育教学研究

主　　编　李楚英　张玉秀　俞孝源
责任编辑　满　懿
出版发行　北京燕山出版社
地　　址　北京市丰台区东铁匠营苇子坑138号C座
电　　话　010-65240430
邮　　编　100079
印　　刷　北京政采印刷服务有限公司
经　　销　新华书店
开　　本　170mm×240mm　16开
字　　数　176千字
印　　张　11
版　　次　2022年4月第1版
印　　次　2022年4月第1次印刷
定　　价　45.00元

编委会

与美相遇 与爱同行

目录
CONTENTS

上篇　德育篇

下篇　教研篇

上篇

德育篇

大美海景优雅的音符
——班主任工作漫谈

海口市海景学校　卢开贤

前　言

世界因为美而生机盎然，美铸就了优雅而高贵的幸福生活。有人说："世界不缺少美，只是缺少发现美的眼睛。"我想说："教育的世界也从来不缺美，但要找准观美的视角和鉴美的深度、广度及厚度。"大美海景就是孕育美、推广美、鉴别美、传承美、优化美的胜地。在这里人人都能享受到自由追求美的权利。

令我欣喜若狂的是，每一处每一点都散发出向上向善的美，身在其中，总能感觉到清香、优雅和幸福。

每当大美门哐当一声柔和而清脆地开启时，一群和蔼严谨、端庄优雅的老师就已经敞开双臂准备好了迎接精神矍铄、朝气蓬勃、清秀可人、纯真向上的孩子们的工作，体现大美海景六大层级安保防控体系人性和关怀。踏入校门，映入眼帘的是镶嵌在大美广场最高处："让生命与美相遇"的育人宗旨。大美广场的布局和设计理念贴切而人文，向所有关注和过往的世人，明示海景人胸怀坦荡，大志而优雅地践行着什么是"融美于心，化美于行"。

走在通往两个学部的宽敞而布局精细的校道上，总能感觉到严谨、积极和赏心悦目的文化长廊。教师每日一练的粉笔字基本功展示墙和孩子们纯真奇思妙想的童话世界扣动灵魂深处的心弦。朗朗的读书声，清甜而雅气，整齐而舒心。每一个灵魂，都是一个音符，自由、健康、成长都有被尊重的权利，只要站在恰当的视角。

让生命与美相遇

"中国的政体是人民民主专政""中国的社会主义制度是全国人民代表大会制度"，谁承想，这是一个曾经让老师无奈而又恐惧的蔡大明同学的读书声。如今却是政治年级第一，班级组织能力强、号召力强老师们争相表扬的"品行差生"。是什么，让他成长一匹黑马，大美海景的育人宗旨"让生命与美相遇"是最好的诠释。

由于父母婚姻的失败，无奈的蔡大明同学就在外婆的辛苦拉扯下长大。本地粗犷的民风民俗，邻里乡亲的娱乐文化，已经潜移默化在他的骨髓里，"七嘴八舌"地骂人，"出口成脏"，没有一点"童气"。这与大美的理念背道而驰，我看在眼里急在心里，不能放任这种与文明格格不入的行为滋长蔓延。

于是我克服心理障碍，拟订一份闯闯这个阳关道的700多天"心理长征路"。责任担当，让成长走向成熟。著名教育家苏霍姆林斯基说：有良知的人有责任心和事业心。虽说蔡大明同学平日里"口无遮拦"，但在他的骨子里流淌的是对长辈的"孝顺"。每天放学回来，他不是像别的孩子一样，丢下书包就去"玩"，而是黏在外婆屁股后面，"关注"外婆做"好吃"的，他的工作就是为外婆捶背。也正是这种善良给了自己重生的希望。

接任班主任工作后，我就更换了班长，而班长就是他。起初，不仅是同学们不解，也有家长提出质疑，已经教育他有一年的老师们更是很郁闷，在大家看来，让一个"不务正业"又"婆婆嘴"的"问题生"担任班长，班主任这是"破罐子破摔"？在一段时间里各种质疑充斥于耳，令人窒息。

事实并非如此，我这么做是基于自己对教育的目的是什么做出真诚的回应。

在我的人生信条里，我信奉毛泽东同志的一句话："没有调查，就没有发言权。"我之所以敢于任用这样一个让人"头疼"的"问题生"，是因为信任自己的教育情怀。

（1）深入细致地调查、询问、交谈、分析、研判。一个十二三岁的花季少年，本该是接受教育的年华，是绽放梦想的翅膀，翱翔在知识与文明的蓝天中，为人师者不是仅凭个人的好恶，把他推向地狱般的火坑里，让他自生自灭。

教育的最大成功不是使一个聪明的人更加聪明，而是挽救一个可能毁灭世界的善良。

为了了解真实的蔡大明同学，我深入他的家庭做家访。正如我最初的研判，"事出必有因"，蔡大明同学自小父母因感情破裂，已经离婚，他是外婆一把屎一把泪给拉扯大的，"性格"的缺陷在"潜移默化"中伴随他成长。自然，因为缺少父母的爱，他最渴望自己能够引起别人的注意，特别是老师和同学，为了满足这种"欲望"，所有他能想到的"事件"就都有可能是他希望"关注"的"手段"，这也正是大多数未成年人的心理特征和行为表现。

（2）教育的最好相处方式是信任与尊重。人之初，性本善，性相近，习相远。人的本性是善恶兼容。只要挖掘善良的源泉，定能感化恶的灵魂。更何况，蔡大明同学并非无药可救。他只是成长道路上所有少年迷失自我的一个缩影。

其实蔡大明同学是明白自己在同学们心目中的位置的，所以他很担心自己担任班长是否得到同学们的认可和老师们的支持，因为自己平时口无遮拦，课堂上经常打扰老师讲课。所以选择他当班长他内心是忐忑不安的，是诚惶诚恐的。人贵在于有自知之明，懂得自己的错误，如果能够引导他改正，那么这种错误也不失为一剂良药，而对他的任命和信任就是最好的药方。于是，我和他的交谈更多的是给他"树立"自信。我通过各种视频和生活中的事例告诉他，错误不可怕，可怕的是知错不改。同时，每天放学我都要求他陪我走上一段路程，我们一起谈天论地。经过近一个月的沟通和交流，慢慢地，他坦然接受了班长的任命，很快，也得到了同学们的认可和接受。

（3）教育的成功在于选择性包容和匡扶。著名教育家列夫·托尔斯泰所说：每个人都有缺陷，就像被上帝咬过的苹果，有的人缺陷比较大，正是因为上帝喜欢他的芬芳。孩子在成长过程中所反映出来的问题，其实我们自己心里明镜似的，只是很遗憾，我们许多人有选择性批判而已，因为我们也经历过。

真正的教育工作者不是"甩锅侠",而是社会责任的担当者,是学生人生道路上的"领路人",是学生偏离轨道的"匡扶者",是推动构建学生无悔人生的践行者。正如意大利著名教育家蒙台梭利说:"教育首先要引导孩子走独立的道路,这是我们教育关键性的问题。"

也就是在预示着我们不要揪着学生的一些小毛病、小问题不放,而是要让学生正确对待自己的小毛病、小问题,该如何纠正进而去优化自己的缺点问题,将"问题"转化成为自己成长道路上的垫脚石,助力自己腾飞的推动力。

(4)教育的幸福是师生心灵同频与共舞。苏联著名教育家苏霍姆林斯基说:"教师要十分关切地对待孩子内在的世界,不可粗暴地把自己的意见强加于他们,要耐心地聆听他们的意见,要以平等待人的态度参加他们的争论。"

一个年少的孩子,对于纷繁复杂的世界的好奇心,使得他们成长在烦恼和困惑之中,父母的情感,父母对自己的情感,家庭的和谐都可能是孩子成长的暗示,也在他们的成长中,潜移默化地渗透在他们的骨髓里,进而影响他们成长环境的不同。在孩子的内心世界里,充满着无法破解困惑和焦虑。只有当我们沉下身子去聆听孩子们内心世界跳动的频率,我们才可能以正确的态度去对待孩子的健康成长。当孩子的内心世界对教师的认同时,我们才能一起行走在康庄大道上,否则我们将落下没有血肉的灵魂。

有一次,他很沮丧地来找我,说:"老师,我好像有些力不从心,一些同学议论我,说我霸道,偏心,搞小团伙。"我问他:"有没有?"她说:"没有。"聆听他的诉说,还有我收到的"举报信",我告诉他:"无风不起浪。"于是,我跟他聊起自己的经历,最后告诉他:"当干部,就如同班主任,要传播正能量,一碗水要尽量端平,让每个同学都感受到他在班长心中是有位置的,做事是讲原则的,做人是讲道理的。"同时,管理一定要讲究"民主","追求公平",要懂得跟同学们"摆事实讲道理",让理解因为沟通和交流而信任和支持。

(5)教育的宗旨是让文明得以升华与传承。文明是人类追求自己喜爱的事业而产生的,能触碰或者感染人心灵深处最柔软的精神财富。乐于助人就是这种产物的最直接、最贴切的表现。大明同学对于别人的帮助需求可谓是"有求必应",这也使得自己在同学中树立很好的"正能量"。"老师,我们班鑫鑫同学听力不好,您让我和他的位置对调一下吧,这样他听课就不吃力了。"班干部的职业就是"为人民服务",这种善良的精神,可以化解因"婆婆嘴"而激发的矛盾。倘若能将这种善良用在对的事或者需要的地方,就能体现其"大美"的能量。而教育之手可以让这种文明的力量在无限的空间里升华,也感染了身边的每一个人,这就是他的"价值"所在。

(6)教育的最终目的是让生命与美相遇。幸福生活是人类永无止境的向往和追求。我们的教育就是要让每一个孩子都有能力和勇气让自己的生命和最美的人生实现最大、最好的价值。蔡大明同学没有权利选择自己的父母,没有权利选择自己的家庭背景,但他有权利选择自己最美好的未来、最幸福的生活。

两年来给蔡大明同学搭建的舞台,让他忘记了童年中没有父爱的痛苦,让他改变了婆婆嘴的习惯,让他有了责任心,让他有了担当。更让人欣喜的是,在每一次的考试中,他都一次比一次进步,这离自己的理想又近了一步,让他的生命又向美好的未来靠近了一步。

浅谈如何转化低段小学生的课堂违纪行为^①

海口市海景学校 罗海虹

良好的课堂管理是有效教学的基础。为了减少课堂违纪行为发生的频率，教师必须采取适当的措施进行有效转化。笔者认为转化低段小学生课堂违纪行为的措施可以从以下三个方面着手。

一、强化学生的自我管理意识，提升自我管理能力

不论教师如何研究学生，如何提升教学技巧以及优化管理水平，如果学生不积极主动地接受或自控能力差，其结果可想而知。因此，教师必须注重培养学生的自我管理意识，让学生学会自我管理。

（一）建立科学的课堂规范

课堂规范是用来告诉学生哪些行为在课堂上是被允许的，哪些行为在课堂上是被禁止的，它为学生的自由和责任提供了保障。下面是课题组老师根据学校要求及学生的特点制定的学生课堂常规。附：

---

① 本文系海南省教育科学规划课题研究成果+转化小学低年级学生课堂违纪行为的策略研究+B201−2018001

海口市海景学校学生课堂常规

1. 课前

预备铃响，由值日生将黑板擦干净；预备铃响后，班干部组织同学做好课前准备，座位左边同学课本统一放在课桌左上角，座位右边同学课本统一放在课桌右上角，做到摆放横竖成直线，把笔放在课桌笔槽内。

2. 候课

预备铃响后，要立即进入教室坐好，安静等待老师上课；老师到教室前，由班干组织做好课前准备，并安排班级"日有所诵"或"每节课必做之事"（要求3分钟内能完成，主要有古诗词、成语、课文要求背诵的内容或数学相关公式、口算等）。

3. 问好

（1）上课问好。

教师：上课；班长：起立；全体同学立即立正站好，要求横竖成直线。老师：同学们好；学生：老师好；〔（小学部）班长：三清三齐三静三好；学生回答；教师组织同学按照"三清三齐"的要求自我对照整改（每堂课必做，引导学生养成良好习惯）〕教师：请坐下；学生快速安静坐好。

（2）下课问好。

老师：下课；班长：起立；学生：×老师，再见；老师：同学们再见。

4. 坐姿

微微抬头挺胸，身体坐直，双脚自然叉开与肩同宽，不要跷脚或将脚放于椅子上，双臂交叠在胸前，平放在课桌上；上课禁止做小动作，未经老师许可，不能离开座位和教室。

5. 发言

发言时右手自然举起，五指并拢，向上举直不离开桌面，得到允许发言后，起立成立正姿势（两腿并拢，抬头挺胸收腹，双手自然下垂放于大腿外侧），眼睛望老师，说话声音洪亮，大方得体；小组讨论或同伴交流时要轻声细语并保持良好坐姿。

6. 倾听

别人讲话时，要坐姿端正，专心致志地听，不打断别人的发言。

7. 读书

读书时，书本立起，眼睛看书，坐姿端正，大声朗读。做到：眼到、口到、耳到、心到。

8. 书写

写字时要把练习本放在身体前方，左手按住练习本，右手握笔，做到笔画清晰、字体规范。

9. 传送

收发作业由组长负责，要求做到安静有序；发试卷、学科教材从前往后有序发放，收试卷从后往前有序上交，过程保持安静。

10. 下课

学生整理好桌面上的学习用品整齐地放入抽屉，摆齐课桌，做到横平竖直，人离开座位后必须把椅子推至课桌下。

11. 课间

有秩序上洗手间；不允许奔跑、吵闹；下节课如果是体育课、音乐课、科学课、电脑课等，由课代表组织排队到活动室或操场上课，行进时脚步轻轻，上下楼靠右行走，不随意讲话。

体育课课堂常规：①课前常规：整理服装，提前到位。②课中常规：集队快、静、齐；服从指挥，中途不做与上课任务无关的事。③课后常规：收拾器材，集队小结。

从以上的学生课堂常规可以看出，教师需要在制定班规之前了解学生的课堂表现情况，分析整理后，以具体的规则形式呈现，让学生明确在校学习期间的各项常规。

在低段小学生了解课堂规范后，教师应及时示范引导。除了可以直接采用教授班规的方式外，还需要充分发挥自身的榜样示范作用，用自己的言行举止为学生做出示范，如不迟到、不早退、不侮辱和谩骂学生。教师应做到时刻监督自己的行为，如果自身的行为违反了课堂规则也要接受相应的惩罚，用自己

遵守纪律的行为做表率。

（二）实施同伴相互管理，提高自控能力

1. 发挥同伴群体的榜样示范作用

皮亚杰的道德认知理论表明：小学阶段同伴群体在小学生他律道德向自律道德转换过程中起着至关重要的作用。相对于教师而言，学生更容易受到同伴的影响，他们共同生活、共同学习并相互影响，是各自学习的榜样。但由于小学生道德认知发展水平还不高，还不能对身边的行为做出正确的价值判断。教师可以从学生身边找出一些遵守纪律的榜样，并对这些遵守纪律的学生经常给予表扬与鼓励，让这些遵守纪律的学生来引导学生的行为习惯，让小学生在日常学习生活中，找到优秀的榜样，并加以模仿。

2. 利用同伴群体互相约束和管理

每个小学生都特别渴望自己被关注，都希望得到教师的重视。教师在课堂教学管理过程中应该充分利用学生渴望被关注的心理，尽量给每个学生分配合理的任务，让学生有事可做，并获得被重视感。事实上，学生在执行教师分配的任务过程中，也就是培养学生责任心和提升学生管理能力的过程。教师实施同伴互相管理时为同伴群体创造对话的氛围。针对课堂中出现的纪律问题，教师应交给学生共同处理，教师要为学生创造平等对话的氛围让学生在自由讨论中明白对方的真实想法，达成共识，并提出解决的方法。以下是笔者为所任教班级制定的班级管理安排表（如表1）。

表1 三（5）班班级管理安排表

	星期一	星期二	星期三	星期四	星期五
班长	王*	高*娴	魏*霖	仇*	侯*瑞
领读员	钟*汐	林*豫	秘*雅	鲍*莹	王*骅
文明小使者	晏*瑶	*莹	伍*旭	麦*雅	梁*欣
安全小卫士	陈*如	肖*裕	魏*霖	邱*	王*
	黄*博	钟*棠	谢*涛	曾*	林*恒
	李*岚	符*瑞	陈*彤	杨*玮	陈*鹏

续 表

	星期一	星期二	星期三	星期四	星期五
路队长	（单周）高*涵、王*骅				
	（双周）王*、高*娴				
年级楼道安全监督员	余*灯	刘*绮			

备注：轮值的各位班干部在自己负责检查的那天，上午7：30到校，下午14：10到校。

从表1可以看出，老师将班级管理任务按时间、职务、职责，具体地安排给班级里的学生，做到"人人有事做，事事有人做"。让学生们能在管理班级的过程中，培养"主人翁"意识、责任心和集体荣誉感。

二、提高教师教学技能，优化教学行为

教师教授的内容不能成功吸引学生、课堂活动设计枯燥乏味、教师上课缺乏激情等等，也是导致学生产生违纪行为的原因。教师只有不断优化课堂教学能力，才能有效减少课堂违纪行为发生。

（一）激发学生学习兴趣，提高学生参与度

爱因斯坦曾说过："兴趣是最好的老师。"如果学生的注意力能够被教师的课堂教学有效吸引，那么注意力发生转移的可能性就会降低，违纪行为产生的概率就会减少。

1.课堂教学活动的组织应建立在了解学生需要的基础上

为了使课堂教学活动有效激发学生的学习兴趣，教师应该了解学生在认知水平、思维方式和已有经验上存在的差异性。在课堂教学中，教师教学目标的设置、学习材料的选择、教学方法的使用以及评价方式的采用都应建立在了解学生差异性的基础之上。另外，教师还应充分考虑学生生理上存在的差异性，如视力和听力不好的学生、行动不便的学生以及患有多动症、自闭症的学生，他们的身体、心理都存在着不同程度的特点或者说是弱点。针对这些需要特殊关怀的学生，作为教师，更应该给予他们特殊的关照，如视力不好的学生，教师应尽量与学生家长取得联系，及时佩戴眼镜，教师在编排座位时也需采取特

别关照。对于多动症、自闭症等特殊学生的管理方式也应尽量特殊化,课堂上只要能够坐住就行,能够发言就是有效的。针对一些学习能力较差的学生,教师应降低要求,善于找到他们的闪光点,对于他们取得的任何一个小小的进步,都要及时给予肯定。从而使每一位学生能获得成功感。

2. 尽量为每一位学生创造参与学习的机会

让每一位学生在课堂上都能够获得表现自我的机会,能够获得满足感。教师在组织教学活动的过程中,应多开展小组合作交流活动,让学生多一些参与教学活动的时间,少一些单独学习的时间,让学生们的主观能动性得到最大限度的发挥。首先在提问学生时,教师应注意针对不同学生的学习水平进行分层次提问,并给予不同形式的反馈。其次,为了使学生集中注意力于教师的教学,保持学生思维活跃的方式之一就是为学生创造问题情境,让学生在探索问题、发现问题和解决问题的过程中保持强烈的学习动机。最后,教师还需要根据学生的心理特点,合理设计教学内容,采用能够吸引学生注意力的方式呈现教学内容,注重学生的已有经验,让新知识与已有经验之间发生联系,引起学生的共鸣。

3. 巧用激励性评价,使学生体验学习的快乐

教学中,教师要善于聆听并及时评价学生的发言,积极营造平等对话、民主融洽的课堂氛围,努力建构起师生、生生多向和谐交往,洋溢着人文情怀的课堂教学生态环境。教师与学生分享彼此的思考、经验和知识,交流彼此的情感、体验与观念,求得新的发现。从而促进学生的知识与情感等全方位的发展与生成。

上《狐狸和乌鸦》一文,我指名一位学生用朗读来表现狐狸的狡猾,学生第一次读得不够好。读后请同学评评,听到的是"他读得不好""他没读出狐狸的狡猾""他读得没感情,有几个词语要读得重些"。我听了学生的发言,说:"小朋友刚才给你提了意见,这是在帮助你呢。你的声音很响亮,但我只看到了一只狐狸在树下,不知道它长什么样呢,让我们闭上眼睛,再听你读一读,好吗?"他又读了一遍,但读得还是不到位,我鼓励他:"有进步,这次你让我看到了狐狸馋得直流口水是什么样的了,再试试。"他想了想,再读,这次他进步了,我马上称赞:"呀,读得真好啊,特别是眼珠一转这个词,我好像看到了狐狸的眼睛在滴溜地转呢！"我评价时再配上手势动作，该生满意地坐下了，也体会到了"眼珠一转"的意思。接着引导全班读，"眼珠一转"这个词都读得特别好，如此引导学生回忆读的心理过程，评价读的努力，肯定读的结果，既能让学生体会到自己朗读过程中的成功，又不失时机地对其他学生进行了引导。

每一堂课都是不可重复的激情与智慧综合生成的过程。"老师，我不同意他的意见""老师，我有补充""老师，我觉得狐狸很聪明"……老师时时面临着前所未有的挑战，是将教案进行到底，还是适时地做出调整？教学实践中我体会到，如果能抓住课堂生成的瞬间，及时把握教学时机，活用鼓励、引导、纠错等评价功能，把激励性评价贯穿于活动的每一个环节，使学生体验成功的快乐，那么课堂教学就会呈现生机、活力。

4. 巧用课堂指令语保持教学活动的流畅性

教育学家阿尔林发现：课堂活动过渡期间所受到的干扰是非过渡期间干扰的两倍。教师的课堂活动中的突然过渡或者过渡过于缓慢都会影响教学的顺利进行。为了减少学生在课堂活动过渡期间出现混乱，课题组成员为学校制定了具体的师生课堂口令。

海口市海景学校小学部课堂口令

（1）上课口令。

师：上课。

班长：起立，立正。生（齐喊）：1、2，老师好！（鞠躬）

师：同学们好！（鞠躬）请坐。生齐读"三清三静三齐三好"，教师组织学生对照检查。

（2）老师组织学生落实每课必做事。

（3）下课口令。

师：下课。

班长：起立，立正。

生（齐喊）：1、2，谢谢老师！老师辛苦了！

师：同学们辛苦了！

（4）课堂规范口令。（低段学生适用）

师：小小手生：放桌上。（小臂叠放在桌上）

师：小嘴巴生：闭上它。

师：小眼睛生：看黑板。

（5）坐姿口令。

头正肩平胸开足安师：1、2、3生：坐端正。

（6）读书口令。

书立起时：身坐正书立好书本稍稍往外斜。

书放平时：左手扶书，右手指字。

（7）握笔口令。

眼离书本有一尺，手离笔尖有一寸，胸离桌边有一拳。一指二指捏着，三指四指托着，小指里边藏着。笔尖先前斜着，笔杆向后躺着。

（8）翻书口令。

师：打开课本××页。生：××页（边重复边翻书）。

在实际的教育教学活动中，笔者通过观摩不同教师的课堂教学，体会到我校所有任课的教师按照统一的要求，在教学过渡环节，发出一个明确的口令，让学生明晰马上就要进行更换课堂活动了。利用这些课堂指令语"抓住"学生的注意力，让活动与活动之间顺利过渡，是非常必要且行之有效的。多次重复使用课堂口令，让其成为学生的一种定式反应，教师可以充分利用课堂口令语维持课堂纪律。

三、营造良性互动的课堂环境

良好的课堂物质环境和心理环境，可以有效地预防和减少课堂违纪行为的发生频率。为了给学生创造一个良性互动的课堂环境，教师可以从学生座位的编排和构建和谐的师生关系着手。

1. 科学编排学生座位

教师在安排学生座位之前，需要对各个方面的因素进行综合考虑。教师应综合考虑学生的性格、爱好、学习成绩、学习互动的需要、课堂纪律因素等进行组合搭配。此外，教师还应考虑一些特殊的学生，如应给予视力较差，个子较矮的学生特别的关注，座位在编排上要充分体现和谐性、合作性与互补性。最后，学生的座位编排要坚持定期轮换与不定期轮换相结合的原则。所谓定期轮换是指学生在一个座位上坐上一周或两周后，需要定期地调换座位，以防长期在一个座位上坐太久对学生视力和坐姿不利。而不定期是指根据学生的实际情况将一些不合理的座位进行重新调整与编排。

2.构建和谐的师生关系

"沟通"是构建良好师生关系的有效途径，师生、生生之间在课堂上出现违纪行为往往是由于言语摩擦引起的，沟通却是解决言语摩擦构建良好师生关系的最佳方式。教师要给予违纪学生表达自己想法和观点的机会并耐心仔细地倾听。教师在倾听时，需要用眼神或者微笑向学生传递一种信息，即教师是关心他、信任他的，是愿意聆听他的想法的，只有教师表现出真诚，学生才会愿意与教师沟通，才会减少课堂违纪行为的发生。

本文通过课题研究，为教师正确转化小学低段学生的课堂违纪行为提供了适当的帮助，希望能减少师生之间的对立冲突，构建民主和谐的师生关系。

参考文献

［1］林崇德.心理学大词典［M］.上海：上海教育出版社，2003.

［2］陶然.中国教育百科全书［M］.北京：中国国际广播出版社，1994.

［3］杜萍.中小学教学与管理案例分析［M］.北京：教育科学出版社，2001.

［4］陈时见.课堂管理论［M］.桂林：广西师范大学出版社，2002.

［5］黄蓉.小学生课堂违纪行为及预防与处置研究［D］.长沙：湖南师范大学，2017.

［6］杨艳平.小学生课堂违纪行为研究［D］.长沙：湖南师范大学，2011.

［7］徐桐.学生课堂违纪行为的现象、原因与矫正策略［D］.北京：首都师范大学，2013.

我的班主任工作妙招

海口市海景学校　林志华

　　班主任工作是琐碎、繁忙的，然而做好班主任工作是一个好教师的标志，也能从中体验到做教师的快乐。很荣幸，做了四届学生的班主任，每届我都能体验到这种快乐。不管接的是好班还是差班，我都取得了有目共睹的成绩，得到了学生、家长、同事以及学校领导的认可。下面就班主任工作，谈一谈笔者的四个妙招。

　　妙招一：让每个学生都成为班级的管理者

　　俗话说：知己知彼，方能百战百胜。打仗是这样，我觉得教好一个班，也是这样。所以，刚接一个班，要想尽快地了解这个班，最直接也是最好的方法，就是向前任老师了解情况。因此，每接一个班，我都通过不同的方式去了解班里的情况，这为我带好每个班打下了坚实的基础。通过了解后，我采用了"轮流当班长"的制度，让每个学生都当一天的班长，让他们体验到管别人和被人管的滋味。最后再让全班学生投票选出了十位班长，把他们分成五组，固定从星期一到星期五，每组负责一天。因为是大家选出来的，所以班长们都很珍惜机会，都尽职尽责地做工作，同学们也比较听这些班长的话，自觉地意识到自己是集体中的一员，并以班集体小主人的身份积极参与到班级管理中去。

　　与此同时，我还辅之以"值周班干"制度，每周我都让一位学生负责这一周的工作。各小组每天值日的组员，把当天的情况向组长汇报，各组长再向值日班长汇报，值日班长再向值周班干汇报，最后值周班干统计好该周班里的情况，在下周一班会课上，向全班同学做一个总结。这样，"小组负责制""值日班长制"和"值周班干"制度相结合，使每一个学生都有机会得到锻炼，各级之间也出现了相互支持、齐心协力搞好班级各项工作的风气。

妙招二：加强思想教育，注重培养正确舆论和良好的班风

加强思想教育是班主任工作的重要方面，也是班级工作的重点。除了每周的周会课外，对学生的思想教育工作我更多地把它放在课余时间，通过在平时与学生的交往，把更多的道理、思想夹在谈话中，潜移默化地灌输给学生，自己也以身作则，润物无声地影响着他们。

我深知"爱是教育的润滑剂"，爱是沟通教师与学生情感的纽带。因此在平时，我很少在学生面前摆架子，学生通过我的一个眼神、一个微笑、一个抚摸、一番话语等，都能感受到我对他们的爱。一位好老师，要时刻关注学生的成长，倾听他们的心声，时常给学生一种母爱，学生就会茁壮成长。我曾经教过一个学生，叫周邦，没有接这个班之前，就已经久闻他的大名。所以接班后就比较关注他。他从小爸爸就在广州打工，妈妈管不住他，所以他身上带有股野劲，性格也比较倔强。经常破坏公共财物，无端打骂班里的同学，上课不认真听课，作业也经常不完成。刚接这个班时，同学们经常来告他的状，我也找他谈过了很多次。从他口中，我陆续了解到，学生不喜欢上课拖堂的老师，不喜欢占用其他课时间上语文、数学课的老师，不喜欢每天布置很多作业的老师。所以，我就投其所好，和其他科任老师商量对策。从此我们班的老师基本上没有拖堂的，作业的布置也比较适中。学生比较爱打篮球，我便经常让他组织同学打球；又根据他爱表现的这一特点，便常常让他主持队活动课，让他展示他好的一面，让他慢慢觉得老师们很好，同学们很重要，这个班也很可爱，他自己也很重要。课余时间，我常常和他聊天，让他知道好习惯对于人一生的重要，学习对于人一生的重要，让他慢慢地学会管好自己。在他表现有所进步的时候，便让他当班长管理班里的纪律，进一步让他意识到，要管好别人，要先管好自己。我时不时地对他旁敲侧击，渐渐地，他就慢慢变好起来，慢慢变得懂事了很多，也让家长、老师和同学刮目相看。

妙招三：正确处理好赏识与惩罚

刚参加工作时，同事卢修琴老师经常对我说："转变一个学生，就是挽救他的灵魂。"教师其实是一个高危职业。因为我们老师的一句话、一个眼神、一次谈话、一次作业评语、一次拒绝或者帮助，就有可能成就学生的一生，也可能毁掉学生的一生。所以教育真的是一门艺术，需要我们这些为人师表，特别是班主任老师不断地去探究，不断地钻研学习。

我曾经教过一个学生，叫祁飞。他学习很不好，字写得也很糟糕。有一天上数学课，教完新课后做练习。因为平时上课我习惯叫学生上黑板讲解，那天看到他听得比较认真，所以就试着叫了他。他先是愣了一下，站了起来，同学们看到我叫的是他，就猛地鼓掌鼓励他。我也鼓励他试试看，最后他勇敢地走上了讲台。因为他字写得不好，写得又慢，同学就安慰他不急慢慢写，都耐心等他。写完后，他不敢讲，同学们又报以热烈的掌声，鼓励他慢慢讲，说讲错了不要紧。

当时在讲台上，我就已看到他满含热泪，讲完后同学们又报以雷鸣般的掌声。虽然他讲得不是很好，但是在评价的时候，我和同学们都给予了他充分的肯定。从他回到座位坐好，一直到下课，我看得出他心潮是澎湃的，因为眼泪一直流个不停。当时，我看到他流眼泪的样子，很震撼，也很感慨，差生更需要赏识！我想，这眼泪对于他来说，是无法忘记的；这节课对于他来讲，或许也是无法忘记的。因为从此以后，他几乎没有缺过我的作业，每天都用心去做着。同时这节课对于我来说，也是终生难忘的。虽然我只是给了他十分钟左右的时间，他却让我明白：对学生要更有耐心，要学会欣赏学生，尤其是差生，我们老师更应该给予更多关注与赏识。

妙招四：协调与科任老师和家长的关系，建立丰富的信息网络

班主任只凭自己的威信和力量是不可能取得教育成功的，要经常与任课老师和家长进行交流。所以每学期，我经常与我班的任课老师交流，通过他们去了解班里的情况，并从他们那里得到了很多宝贵的意见。例如，对班里有很多学生不完成作业这一问题，我和语文李老师就利用一个下午的时间，打电话叫来了二十多位家长，共同来探讨怎么去解决。此外我很重视与家长的沟通，每个星期，我都会和一部分家长联系，同他们交换意见，帮助家长共同对待孩子的进步和存在的问题，同家长达成共识，充分调动家长的积极性，配合我教育好孩子。

总而言之，小学班主任工作的内容是复杂的，任务是繁重的，关键看我们用什么样的心态去对待。一直以来，我觉得我都是在用"玩"的心态去对待，在"玩"中去感受学生给予我无声的爱，在"玩"中去享受学生带给我的喜悦，在"玩"中去品味自己的妙招。

参考文献

［1］周明星，连凌云.成功班主任全书［M］.北京：人民日报出版社，2000.

［2］李镇西.做最好的班主任［M］.桂林：漓江出版社，2014.

［3］闫学.跟苏霍姆林斯基学当班主任［M］.北京：教育科学出版社，2010.

学校德育处如何组织开展班级学生自主管理

海口市海景学校　林蓉

党的十八大以来，习近平总书记多次通过座谈、回信等方式与青少年频频互动，对当代中国青少年寄予了殷切期望："希望青年人勇于担当、奋力开拓。""青年一代有理想、有担当，国家就有前途，民族就有希望。"全国优秀班主任魏书生说："学生的责任感和担当不是教师给的，是学生在班级管理工作中天长地久、不断实践的过程中积累起来的。"从而可见，班级学生自主管理的重要性。学校德育处如何组织开展班级学生自主管理呢？

一、学校要明确落实班级学生自主管理方案

（一）指导思想

根据海口市海景学校"四至"育人目标：培养"至爱、至真、至善、至美"大美少年，在班级日常管理中让班级学生做到自主管理，打造团结、互助、积极向上的集体。

（二）工作目标

（1）做到班级学生全员参与决策、参与行动、参与评价。

（2）做到目标明确、责任落实、监督有力。

（3）做到自我管理和自我教育。

（4）做到团结协作、互帮互助、共同进步。

（三）领导机构

组长：李楚英

副组长：俞孝源

成员：林蓉、彭玉凝、陈青文、游鸿飞、全体班主任

（四）参与人员

班级学生自主管理参与人员有：班主任、科任教师、班级全体同学、学校德育处工作人员。实施年级为三年级至九年级。

（五）班级学生自主管理职责

1.班主任工作职责

（1）组建班级自主管理团队。

① 值日干部：班长、纪律委员、学习委员、生活委员、劳动委员、体育委员、文娱委员、宣传委员。

② 小组长：第一组长、第二组长、第三组长、第四组长、第五组长、第六组长等。

③ 项目管理员：学习用具管理员、文明使者管理员、教室卫生督查管理员、清洁用具管理员、早读管理员、安全卫生管理员、走廊卫生管理员、手机管理员、迟到旷课管理员、讲话睡觉管理员、课桌椅管理员、门窗管理员、多媒体管理员、空调风扇管理员、黑板管理员、讲台管理员、阅读管理员、练字管理员、花卉管理员、书架管理员、课间奶管理员、大课间管理员。（建议设以上管理干部，管理的干部可以根据班级情况增减）

④ 学科代表：语文代表、数学代表、英语代表、政治代表、历史代表、地理代表、生物代表、物理代表、化学代表。

（2）组建班级学习小组。

以6人为一小组，七年级、八年级、九年级根据学业成绩以基本均衡2A、2B、2C进行组合（七年级军训期间参照小升初的学业成绩）；基本均衡男女人数组合；基本均衡动和静性情组合。七年级期中考试后根据学情实际情况进行适当调整小组成员，其他年级也可根据学情进行适当的调整。

（3）培训班级自主管理团队。

每学期第一周要选拔落实班级自主管理团队，根据附件1模板，结合班级实际管理团队，名单上墙放入信息栏，并提交一份电子表到德育处存档。

（4）营造班级文化。

指导制定班级公约、明确班级奋斗目标、提炼班级精神，布置教室。

（5）指导班级学生自主管理及评价。

班主任指导班级自主管理团队明确职责、责任落实、监督有力，每周进行学习小组评价。（班级评价细则由班级自主制定）每周一评，评选优秀学习小组、优秀个人，每月汇总表彰奖励。对受表彰的小组、优秀个人指导上墙宣传。

2. 科任教师工作职责

科任教师向班主任推荐学科代表、培训学科代表、与班主任及时沟通促进学生的健康成长。

3. 班级岗位管理工作职责

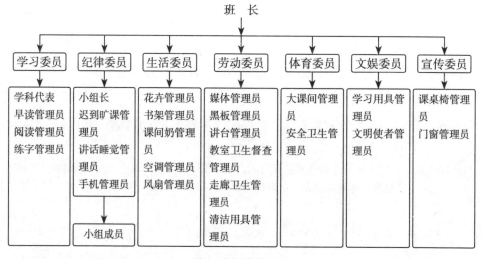

图1　班级岗位明细

表1 班级管理岗位职责

职务	职责
班长	（1）全面负责班级工作，传达学校及班主任对班级活动的要求，组织同学将要求落实到位。 （2）分管纪律委员、学习委员、生活委员、劳动委员、体育委员、文娱委员、宣传委员。 （3）负责组织班干值日工作。 （4）负责组织班委竞选。
学习委员	（1）分管学科代表、早读管理员、静心阅读管理员、轻松练字管理员。 （2）负责班级考场安排。 （3）分析每次考试成绩进退大的同学。
纪律委员	（1）分管小组长、迟到旷课管理员、讲话睡觉管理员、手机管理员。 （2）负责管理班级课堂纪律及迟到、早退、旷课等方面的违纪现象。 （3）统计操行分。
生活委员	（1）分管花卉管理员、书架管理员、课间奶管理员、空调风扇管理员、学习用具管理员。 （2）负责管理班级各项活动费用，及时收集和上交。 （3）负责体温测量和郊游组织工作。
劳动委员	（1）分管多媒体管理员、黑板管理员、讲台管理员、教室卫生督查管理员、走廊卫生督查管理员、清洁用具管理员。 （2）组织安排好每天的值日生和督促同学保持教室整洁，养成良好的卫生习惯。
体育委员	（1）分管大课间管理员、安全卫生管理员。 （2）负责全班各项体育活动，具体领导同学们的跑步、大课间活动、眼保健操、体育活动课、队列体操比赛、运动会等各项活动的开展。
文娱委员	（1）分管学习用具管理员、文明使者管理员 （2）负责班级的文娱活动。
宣传委员	（1）分管课桌椅管理员、门窗管理员。 （2）负责班级的宣传工作。
小组长	（1）分管小组成员。 （2）负责组织小组的一日常规和学习督促，登记和统计小组学习积分。
学科代表	负责协助科任教师组织学科学习。

4. 德育处大队部工作职责

表2　德育处大队部工作职责表

文明使者管理员	负责按时站岗检查穿戴齐等文明行为
安全卫生管理员	课间休息按时站岗和督促课间不喧哗追逐打闹，并登记喧哗打闹现象
迟到旷课管理员	负责检查、督促、记录上课迟到和旷课情况
学习用具管理员	负责检查课前学习用品的摆放
讲话睡觉管理员	负责检查登记上课睡觉和讲话情况
多媒体管理员	负责多媒体的开关，督促同学们不能违规使用多媒体
讲台管理员	负责管理讲台的干净整洁，每节课的课间进行讲台保洁
黑板管理员	负责对黑板保持干净整洁，每节课的课间把黑板擦干净
手机管理员	负责检查登记携带手机到校情况
课桌椅管理员	负责管理督促桌椅排齐
门窗管理员	负责每天放学后关好班级门窗和安排提醒靠窗的同学空调开放时记得关窗
清洁用具管理员	负责督促值日生摆放整齐清洁用具
空调灯扇管理员	负责管理空调及风扇的开放和关闭
教室卫生管理员	负责检查值日生的卫生打扫情况，以及每节课的课间检查督促教室的卫生保洁并登记没做到地面清的名单
花卉管理员	负责每天给花浇水
早读管理员	负责每天早读的组织
阅读管理员	负责静心阅读督促
练字管理员	负责督促练字书写用具准备和握笔、坐姿
书架管理员	负责书架的管理
课间奶管理员	负责领取课间奶和督促按时饮用
大课间管理员	负责大课活动的组织

（1）培训指导。

德育处每学期在开学例会和期末交流对班主任和科任教师进行培训，加强全体教师对班级学生自主管理实施的了解和掌握。俞孝源老师负责培训小学部班主任和科任教师，林蓉老师负责培训中学部班主任和科任教师，彭玉凝老师负责培训学生干部。

（2）督查评价。

班级学生自主管理督查由俞孝源、游鸿飞、彭玉凝、林蓉、陈青文老师负责。

（六）评价机制

1. 集体评价

（1）文明班评比。

① 文明班评比内容（三清、三齐、三静、三好）和分值。

三清

地面清：教室及卫生区干净无垃圾，若发现有垃圾扣1分。

窗户清：窗户包括窗户沟槽内没有灰尘，若发现窗户上和窗户沟槽内有灰尘扣1分。

桌面清：桌面干净整洁，若发现桌面有涂划痕迹和抽屉里杂物、垃圾，即扣1分。

三齐

桌椅齐：讲台物品摆放整齐、整洁，课桌椅横竖对齐，通道畅通，若发现讲台脏乱、课桌椅摆放不整齐扣1分。

洁具齐：垃圾桶要盖上盖子，卫生用品整齐挂在墙上，若发现垃圾桶没有盖盖子、卫生用品没有整齐挂于墙上扣1分。

穿戴齐：每天穿校服、戴红领巾和校卡，周一升旗或集体活动时统一穿白色布鞋或运动鞋。若发现不按要求穿戴，每人每项扣0.1分。

三静

课间静：课间不大声喧哗、打闹、奔跑，若发现有上述现象扣1分。

练字静：练字时要坐端正安静练字，不大声喧哗、走动，若发现有上述现象扣1分。

倾听静：听广播教育时（含室外课），坐姿正确，安静倾听，若发现有人吵闹扣1分。

三好

问候好：见到老师或客人面带微笑，主动敬礼问好，若发现无礼或不文明

现象扣1分。

卫生好：禁止带零食进校园，禁止乱丢垃圾，若发现有人带零食、乱丢垃圾扣1分。

秩序好：升国旗、早操或集会的时候队伍整齐（横竖对齐）、安静、听指挥。若班级队伍不整齐、不安静、不听指挥扣1分。

②文明班检查时间：

早操（升旗、集会）时间：检查秩序好、着装（校服、红领巾、校卡）；

广播时间（下午第一节课后）：检查倾听好、地面清、窗户清、桌椅齐、洁具齐；

课间时间（大课间、上午第二、三节课间）：检查课间静、卫生好（个人）。

（2）优秀班级自主管理团队评比。

①优秀班级自主管理团队评比以每学期文明班获得情况为依据。各班每学期获得文明班次数达到本学期评比总数的60％为达标。各班在达标的基础上获得文明班次数（小学部）各班占年级前4名为优秀，（中学部）占年级前2名为优秀。

②评比时间是每学期末。

（3）优秀班级学习小组评比

①优秀班级学习小组评比以每学期中段考和期末考情况为依据。能体现团结协作、互帮互助、共同进步的学习小组，各班每学期经过中段考和期末考评价，学习小组占班级前2名的获得优秀班级学习小组。

②评比时间是每学期中段考和期末考后。

2.个人评价

大美之星评比

第一学期：

9月

（1）尊师之星：听从老师的教导；见到老师能微笑问好；见到来学校的客人老师能微笑问好；认真完成老师布置的作业；积极主动完成老师布置的工作。

（2）礼仪之星：规范穿校服、戴红领巾、戴校卡；进入校门行规范队礼；见到老师能微笑问好；举止文明，待人友好。

（3）自主之星：自主参与班级管理、自主规范各项纪律要求。

（4）自律之星：能够自律遵守班级公约，能够自律遵守学校的规章制度。

（5）自护之星：生活自理能力好、有自我防范和救护、自我调整的能力。

（6）管理之星：善于管理和协调，富有责任心和上进心。

10月

（1）爱校之星：热爱集体；热爱班级；热爱学校；为班级、为学校做出自己的贡献。

（2）卫生之星：爱护校园卫生，不乱丢垃圾，见到垃圾能主动捡起来，见到有人乱丢垃圾能劝阻；爱护个人卫生，衣服整洁，课桌椅摆放整齐，课桌内外物品摆放整齐。

（3）自主之星：自主参与班级管理、自主规范各项纪律要求。

（4）自律之星：能够自律遵守班级公约，能够自律遵守学校的规章制度。

（5）自护之星：生活自理能力好、有自我防范和救护、自我调整的能力。

（6）管理之星：善于管理和协调，富有责任心和上进心。

11月

（1）学习之星：学习习惯好；学习态度端正；学习成绩突出。

（2）诚实之星：言行一致；知错就改；讲信誉；讲诚信。

（3）勤俭之星：学习生活中做到勤劳和节俭。

（4）自主之星：自主参与班级管理、自主规范各项纪律要求。

（5）自律之星：能够自律遵守班级公约，能够自律遵守学校的规章制度。

（6）自护之星：生活自理能力好、有自我防范和救护、自我调整的能力。

（7）管理之星：善于管理和协调，富有责任心和上进心。

12月

（1）体育之星：热爱体育锻炼；积极参加学校组织的体育活动；认真、规范做早操。

（2）阅读之星：热爱阅读；阅读量大；阅读习惯好。

（3）自主之星：自主参与班级管理、自主规范各项纪律要求。

（4）自律之星：能够自律遵守班级公约，能够自律遵守学校的规章制度。

（5）自护之星：生活自理能力好、有自我防范和救护、自我调整的能力。

（6）管理之星：善于管理和协调，富有责任心和上进心。

第二学期：

3月

（1）感恩之星：感恩自己的父母；感恩自己的老师；感恩自己的长辈；感恩帮助过自己的人。

（2）环保之星：爱护校园环境；珍惜水资源；珍惜绿色环境；节约用电。

（3）自主之星：自主参与班级管理、自主规范各项纪律要求。

（4）自律之星：能够自律遵守班级公约，能够自律遵守学校的规章制度。

（5）自护之星：生活自理能力好、有自我防范和救护、自我调整的能力。

（6）管理之星：善于管理和协调，富有责任心和上进心。

4月

（1）奉献之星：乐于助人；多做好事；无私奉献。

（2）才艺之星：具有文艺、书法、美术等特长；喜欢才艺表演，并有突出表现。

（3）自主之星：自主参与班级管理、自主规范各项纪律要求。

（4）自律之星：能够自律遵守班级公约，能够自律遵守学校的规章制度。

（5）自护之星：生活自理能力好、有自我防范和救护、自我调整的能力。

（6）管理之星：善于管理和协调，富有责任心和上进心。

5月

（1）劳动之星：热爱劳动，自己能做的事自己做；有良好的劳动卫生习惯，珍惜劳动成果；值日认真负责。

（2）孝顺之星：孝敬父母，听从父母的教导；体谅父母，尽力为家庭分忧解难；关爱长辈。

（3）自主之星：自主参与班级管理、自主规范各项纪律要求。

（4）自律之星：能够自律遵守班级公约，能够自律遵守学校的规章制度。

（5）自护之星：生活自理能力好、有自我防范和救护、自我调整的能力。

（6）管理之星：善于管理和协调，富有责任心和上进心。

6月

（1）快乐之星：个性开朗活泼，能给他人、集体带来快乐与活力；心态乐观，胜不骄，败不馁，正确对待荣誉与挫折。

（2）进步之星：学习努力，学习成绩有明显的进步。

（3）自主之星：自主参与班级管理、自主规范各项纪律要求。

（4）自律之星：能够自律遵守班级公约，能够自律遵守学校的规章制度。

（5）自护之星：生活自理能力好、有自我防范和救护、自我调整的能力。

（6）管理之星：善于管理和协调，富有责任心和上进心。

二、学校德育处需要组织加强班主任班级学生自主管理培训

（1）德育处对班主任进行班级学生自主管理方案解读。

（2）德育处在班主任例会中加强工作指导。

（3）期末组织班主任"晒妙招"分享班级学生自主管理心得。

班级学生自主管理能有效促进学生全员参与决策、参与行动、参与评价；做到目标明确、责任落实、监督有力；做到自我管理和自我教育；做到团结协作、互帮互助、共同进步。但是学生要形成较好的自主管理能力，是需要过程和时间的。全国优秀班主任魏书生说过："学生的责任感和担当不是教师给的，是学生在班级管理工作中天长地久、不断实践的过程中积累起来的。"所以班主任教师要有足够的耐心，尽力指导学生如何开展管理，并且做到检查监督。

"小学高效课堂教学模式的行动研究"
文献综述

海口市海景学校　李楚英

本研究以"小学高效课堂教学模式"为关键词，搜索2014年1月1日至2018年1月1日发表在中国期刊网上的相关研究论文有1100多篇，其中25篇为博士论文，研究的内容主要有以下几点。

一、中小学课堂教学"高耗低效"问题的研究

从搜集到的文献看，我国学者对中小学课堂教学"高耗低效"问题的认识，综合起来大致涉及以下几个方面，这些原因造成课堂的"高耗低效"和学生的厌学情绪。

1. 课堂以知识为中心

在小学教育阶段，传统课堂教学一般包括复习旧知识、传授新知识、巩固运用已学知识和检查测试等环节。其基本做法是：以"纪律教育"来维持教学，以"教师讲学生听"来传授新知识，以"题海战术"来巩固已学知识，以"掌握技能技巧"来运用新知识，以"考试测验"来检查学习效果。这样的教学方式虽然强调教学过程的阶段性，但却是以知识的传授为核心，将学生看成接纳知识的容器，是以学生被动地接受知识为前提的，"知识课堂"的弊端在于"重理论、轻实践，重理性、轻感性，重结论、轻过程"。

2. 课堂以教师为中心

学生是教学过程的终端，是教育的本体。但现实的课堂教学中，教师常常不是主导而是主体，甚至是"主宰"；不是根据学生的成才需要而是以教师为中心（甚至以教师的所好和得失）来设计教学。在教学活动中学生本应处于主体地位，在现实中这一地位并未获得充分的尊重，而是处在被动接受知识的地位。常是学生要去适应课程内容，适应教师及其教学方法和考试方法，学生没有多少自主选择和个性发展的空间。学生在学习过程中所拥有的主体地位被忽略，于是，我们就会常常看到这样一种带有普遍性的景象：在课堂里，所谓"知识"就成了领导课堂的最重要力量，教师因附属于大大小小的知识点而成为课堂教学的权威者，学生则相应地成为知识的接受体。

3. 课堂以"灌输式"为主

《基础教育课程改革纲要（试行）》提出了转变学生的学习方式的任务，促进学生在教师指导下主动地、富有个性地学习。在传统的课堂教学中，教师经常生怕学生不懂，总是不停地讲，学生几乎谈不上主动学习，积极探索。这种教学方式所培养的仅仅是学生的机械"短时记忆"，并非"有意义"的学习，这种教学方式很容易引起学生的厌倦与反感。

4. 课堂缺失创新精神

在课堂教学中，学生并不仅仅是知识的吸收者，还是加工者，他们要在已有知识的基础上对新知识进行筛选、加工、改造、建构成容易接受的知识。课堂教学不仅仅要学生掌握课本上的基础知识与理论体系，还要培养学生运用所学知识与原理去解决学习、工作、生活中的实际问题的技能，学习不能因循守旧，生搬硬套，而要充满智慧。因此，只有以课堂教学为主要渠道，把创新意识、思维、精神贯彻于课堂。传统教学方法以教师为中心，教师是课堂的主宰，决定课堂的内容、进度，学生是知识灌输的对象，是被动的接受者。这种教学模式或方法有利于教师主导作用的发挥，但它忽视了作为认知主体的学生的主动性，不利于学生创新意识、创造性思维和创造能力的培养。

二、中小学课堂教学"高耗低效"问题原因分析的研究

褚宏启也认为，"一榜定终身"这样的考试制度造成了片面追求升学率和唯分数论。学生的能力变成了应付考试的能力，丰富的知识和鲜活的世界被肢解为一张张试卷。这样的教育，模糊了我们的视线，误导了我们的观念。

张朝静认为，课堂在我国的基本情况是，教师每天都在课堂中生活、工作，学生的学习时间也大都在课堂上度过，长期在课堂的教师也许会对课堂忽视，课堂便越来越枯燥乏味。理论研究者又远离课堂，没有把课堂作为研究的对象，尽管他们研究课堂中的诸多要素，但对于广大中小学教师来说，这些研究成果对他们并没有显著的帮助。

张艾君认为，多年来的传统教学和教研让我们教师养成了被动学习的习惯。教师自主学习意识不强，各种学习多是由领导布置下去，并通过一定形式的考核与检查来保证学习的质量，缺乏浓郁的学习氛围；另外教师缺乏常态性的专业交流，缺少对交流的沟通价值的认识，也缺少一种开放的心态，还缺少对自我教育观念和行为方式必要的反思。

杨帆在《课堂教学行为有效性分析》一文中，将影响教师课堂教学行为有效性的主要因素总结为：教师自身与外部因素两个方面。其中，教师自身的因素包括教学观念、教育知识、教学能力、教学效能感；外在因素包括学生、教材、教育政策和学校组织文化等。

孙亚玲在《国外课堂教学有效性研究》一文中对国外的课堂教学有效性研究进行了系统而全面的介绍和分析。从她的文章我们了解到，国外从20世纪初就开始了课堂教学有效性问题的研究，孙亚玲认为，影响课堂教学有效性消极因素主要包括：理论脱离实际，缺少实践环节；只重教书，不重育人；教学方法单一，教学气氛沉闷；教育教学观念陈旧，跟不上时代的步伐。

陈燕在《初中语文课堂教学的有效性研究》一文也认为，放眼我们当下的语文课堂，教学方法单一、枯燥，甚至极端化，缺少对学生情感的引领、熏陶，教学方法的不合理也导致了课堂教学效率的低下。

综合以上文献所述，我认为影响课堂教学"高耗低效"问题的主要原因是：

（1）考试制度造成了片面追求升学率和唯分数论。

（2）理论与实践脱离，缺少实践研究。

（3）教师教育教学观念陈旧落后。

（4）教学方法单一，师生关系不够融洽。

三、课堂教学"高耗低效"问题解决对策的研究

针对课堂教学中存在的问题，结合问题产生的原因分析，一批学者和一线教师致力于高效课堂的研究。对于如何解决教学中的问题，如何构建高效课堂，可谓仁者见仁，智者见智。熊梅所著的《高效课堂》一书对高效课堂进行了理论上的探索。辛兆刚先生撰写的《优质高效课堂的特征》、王跃的《高效课堂的101个细节》、赵徽、荆楚红合著的《解密高效课堂》、李炳亭编著的《高效课堂22条》等著作，都从不同的角度对高效课堂进行了研究。

张朝静认为高效的课堂，一是有以人为本的课堂管理。二是有开放和谐的课堂氛围：贴近学生，让课堂充满温馨；相信学生，让课堂充满创新；解放学生，让课堂充满生机。三是有"阳光般"的学习评价。

岳金春认为构建有效课堂，一要让它成为师生平等对话、学生放飞个性的沃土；二要让它成为师生情感交流、学生打开心扉体验生命滋味的乐园；三要让学生走进文本，与作者进行心灵的交流，理解文本蕴含的人文精神。

殷义国关于如何构建有效课堂，提出了三条策略：一是从"单向传授"向"多边互动"转变，重构的"对话课堂"；二是从"灌输教学"向"思维教学"转变，重构"科学思想"；三是从"文本教学"向"人本教学"转变，营构"人文文化"。

张艾君认为高效课堂的构建策略，即从"单向型教学"向"多向型教学"转变，重构"对话生活"；从"记忆型教学"向"思维型教学"转变，养成"质疑习惯"；从"应试型教学"向"素养型教学"转变，培养"团队精神"。

余文森在《有效教学的三条铁律》中提出了有效教学必须遵循三个规律："先学后教"——以学定教；"先教后学"——以教导学；"温故知新"——学会了才有兴趣。

上海科学技术版初中物理八年级　第十章　第一节

"科学探究：杠杆的平衡条件"教学反思

海口市海景学校　李子莹

本节内容为《沪科版物理八年级全一册》的第十章第一节。包括：杠杆的定义、力臂的画法以及实验探究杠杆的平衡条件。这些知识是前面力学知识的延伸，又是后面学习滑轮、滑轮组与斜面等简单机械的基础，在第十章开始起到了承上启下的作用。新课标对本节课的要求有"理解力臂的概念并画出力臂""通过实验，探究并了解杠杆的平衡条件"。教材把实验和结论紧密结合起来，加深了学生对知识的理解，为学生学习杠杆的应用及变形杠杆打下基础。

杠杆是在日常生活中经常使用的工具，学生会切实感受到使用它的好处，学习兴趣浓厚。学生在学习本节课之前已经掌握了力学中的力与平衡问题了，同时在数学上也已经有点到直线距离的知识，动力臂与阻力臂是点到线知识的迁移应用，这些知识的基础储备为学好这节课做好了准备。现初二（1）、（2）班学生均在学习抽象理论知识中存在畏难情绪，但他们思维活跃，尝试实验探究欲望强烈，也养成了组内合作学习的习惯。学生对杠杆的概念及杠杆的平衡条件还不十分清楚，在具体的教学中，我让学生亲身经历实验探究的过程，以帮助学生理解杠杆的平衡条件，降低学习难度，尤其注重引导学生学会探究方法，力求让学生理论联系实际，简单掌握真理，但课后觉得仍有不足之处。以下是我对本节课各个环节的教学反思。

一、教学目标反思

课程标准对本节课的要求：①理解力臂的概念并画出力臂；②通过实验，探究并了解杠杆的平衡条件。依据这两点要求，我深入地做了教材与学情的分析，并制定了如下教学目标。

1.知识与技能

（1）认识杠杆，了解与杠杆有关的五个概念。

（2）能从常见工具和简单机械中识别出杠杆并会画杠杆的动力臂和阻力臂。

（3）探究并了解杠杆的平衡条件及运用其解决相关问题。

2.过程与方法

（1）经历绘制杠杆力臂的过程，体会科学抽象的方法。

（2）经历探究杠杆平衡条件的过程，学会分析实验数据，寻找数据间规律，并从中归纳出实验结论的一般方法。

3.情感、态度与价值观

（1）养成从生活中发现物理并将物理应用于生活的习惯。

（2）科学探究培养合作精神；联系生活实际，体会物理知识在生活生产中的价值。

二、教学过程反思

1.创设情景，引入新课（2分钟）

以电脑动画图片展示形式，并提出以下三个问题：

（1）大象所受的重力大约是多少？

（2）能用弹簧测力计测出大象的重力吗？

（3）物理老师利用什么知识来称大象的重力？

设计意图： 引入环节符合《海口市课堂教学指导意见》中"问题导学"，采用问题导学去创设教学情境"0-30N的弹簧测力计称量30000N大象重力"引起学生认知冲突，激发其学习兴趣，为引入新课题——杠杆，提供了良好的学习氛围。

设计依据：《海口市课堂教学指导意见》和陶行知先生曾分享"学生有了兴趣，就肯用全副精神去做事，学与乐不可分"相关的理论知识。浓厚的兴趣会使一个人产生积极的学习态度，让他自觉地去进行学习。

2. **认识杠杆（10分钟）**

第一环节：学生接触筷子、剪刀、羊角锤、镊子、天平等生活中的杠杆，并引导学生归纳总结杠杆的定义：一根硬棒，在力的作用下，如果能绕固定点转动，这硬棒就叫作杠杆。

设计意图：学生通过直观接触，使抽象的杠杆知识形象化，让学生从生活中发现物理，完成从感性认知到理性认知的过渡。

第二环节：请学生依据导学案中预习案并结合PPT展示一张撬棒（杠杆）的图，引导学生在杠杆定义基础上找到撬棒中的杠杆五要素。其中力臂的画法是本节的难点，为突破这一难点，让学生在预习案中回顾数学点到直线的距离画法，并将这一知识迁移到物理力臂上，请学生上台展示他的力臂画法，再采用电脑模拟直观教学示范画图的方法，让学生学会画动力臂和阻力臂，最后请学生归纳总结画力臂的步骤。

设计意图：利用数学知识迁移应用来突破"力臂概念"这一难点。

设计依据：美国心理学家奥苏贝尔强调知识迁移应用有利于学生学习兴趣培养、学科知识构建、问题解决以及学科创造能力培养。

第三环节：在课堂练习中通过导学案给出两幅图：称量大象的杠杆图、杠杆在水平位置的图，通过这两幅图进行练习，加深学生对画力臂的掌握程度，同时也为学生在实验环节突破"为什么要使杠杆在水平方向平衡"做铺垫。

设计意图：通过习题练习方法突破"画力臂"的难点教学。

3. **实验探究：杠杆的平衡条件（20分钟）**

第一环节：杠杆的平衡条件是本节课的教学重点，首先让学生结合日常生活中玩跷跷板的经验来分析"如何使跷跷板的状态由平衡到不平衡，又如何让其由不平衡到平衡"，引导学生发现杠杆是否平衡取决于力和力臂。并依据这一发现进行实验的猜想与假设。

设计意图：通过进行生活经验的迁移，完成实验猜想假设环节。

第二环节：引导学生依据预习案中的四个问题进行实验设计。问题1：如何调节杠杆在水平位置平衡？问题2：为什么要使杠杆在水平位置平衡？问题3：实验过程中如何改变力和力臂？问题4：实验过程中能否调节平衡螺母？

学生进行实验设计，讨论思考如何测量动力、阻力、动力臂和阻力臂。

设计意图：通过预习案进行"问题导学"，培养学生的自主学习与设计实验的能力。

第三环节：组织学生分组进行实验与记录实验数据，教师巡回指导学生操作实验，学生通过动手操作，把测得的实验数据（即动力F_1、阻力F_2、动力臂L_1、阻力臂L_2）填入表1中。

表1　导学案表格

实验序号	动力F_1/N	动力臂L_2/cm		阻力F_2/N	阻力臂L_2/cm	
1						
2						
3						

并引导各小组学生分析实验数据并验证自己的猜想，找出杠杆平衡的普遍性规律。得出杠杆的平衡条件：$F_1 \cdot L_1 = F_2 \cdot L_2$

设计意图：以探究的方式展开教学，让学生通过探究自行猜想、设计、实验得出结论，有利于训练和发展学生的抽象思维能力，并让学生理解科学在现代社会及生活中的重要性。

设计依据：英国纳菲尔德教程中探究式教学模式；教育学家施瓦布的探究性教学理论。

4. 练习小结与作业布置（8分钟）

练习部分选取引入中"弹簧测力计称重大象"的情景设计计算题，让学生利用新学的杠杆平衡条件$F_1 \cdot L_1 = F_2 \cdot L_2$解题。

设计意图：课堂练习让学生学以致用，体现"从生活走向物理，从物理走向社会"的新课程理念。

设计依据：陶行知先生的"教学做合一"教育理论，"学、做"才能让学

生掌握知识和运用知识。

我将课后作业分为"基础题""拓展题"和"综合题",给学生布置分层作业,C层次学生仅完成基础题部分,B层次同学在C层次的基础上完成拓展题,A层次同学在B层次的基础上完成综合题。

设计意图:对不同层次的学生布置分层作业,更好地对各个层次的学生的学习成果进行巩固。

设计依据:依据苏联心理学家维果茨基的"最近发展区"理论,利用阶梯原理进行分层作业布置。

三、存在问题反思

对课堂教学中存在的问题我进行了以下思考: ①设计的教学内容主要有三个"认识杠杆""会画力臂""实验探究杠杆的平衡条件",以至于每个环节都很匆忙,没有给学生留下充分活动、感知、体验的时间。②运用教学语言不够熟练,提问还不够精准。问题指令下达不明确。

四、改进措施

(1)教学设计应更严密、更科学,尤其要预留足够的学生活动时间。

(2)实行弹性教学,将本节课未能充分进行的环节移到习题课上加以延伸。学生分析时多找几组同学,让学生充分感知所学知识。

(3)提高自己的教学素养和教学语言表达能力,多听课、多学习、多练习。

基于小学琼剧实验班"琼剧进校园"教学实践研究

——以海口市海景学校琼剧实验班为例

海口市海景学校 曾兰婷

目前,海南省"琼剧进校园"仍处于初步探索阶段,尚未形成较为完善的教学体系。海口市海景学校作为"琼剧进校园"试点学校,肩负着探索琼剧课堂教学与传承琼剧文化的使命。非物质文化遗产是一个国家和民族历史文化成就的重要标志,是人类共同的文化财富。中国有着丰富多彩的非物质文化遗产资源,而在经济全球化与文化多元化的冲击下,传统的师徒承袭制度逐渐瓦解,非遗的传承陷入困境。在现代化教育背景下,学校教育自然成为非遗传承与传播的重要途径。

在2016年8月印发的《海南省"十三五"时期琼剧传承发展规划纲要》与《任务分工》推动下,2017年12月,海口市教育研究培训院举行"海南琼剧进校园"启动仪式,确定相关试点学校。2020年,海口市海景学校被列入海口市"琼剧进校园"试点学校,开展琼剧课堂教学相关探索与实践。然而,当前海南省尚未形成一套完善的、自上而下的、可供参考复制的"琼剧进校园"实施路径。琼剧教学不同于普通的音乐课堂,各个试点学校苦于没有专业的指导力量与相关经验,只得自行摸索、试错总结,而学校间的"琼剧进校园"活动又是相对独立的,缺少经验交流与分享,这就导致了"琼剧进校园"实施效率

的低下。

海口市海景学校2020年被确定为"琼剧进校园"试点学校，一切琼剧教学工作从零开始，我们必须尽快探索出一条合乎学情的琼剧教学实施路径，并加以总结反思，以期能够为"琼剧进校园"以及各个试点学校提供实践参考。

本论文在《义务教育音乐课程标准》指导下，以探索琼剧课堂教学为目标，在小学3～4年级选取40名学生组成琼剧实验班，探索"实验班—年级—小学部—全校师生"的以点带面的琼剧教学实施路径，以期为"琼剧进校园"工作提供可资借鉴的实践经验。

《义务教育音乐课程标准》内容表现中要求：3～6年级学生每学年应该背唱歌曲4～6首（其中中国民歌1～2首），学唱京剧或地方戏曲唱腔片段。而海南的地方戏曲是琼剧，学唱琼剧对我们地方学生来说更加有意义。下面我简单地谈谈我在"琼剧进校园"活动中如何以实验班辐射全校的琼剧教学做法。

一、开设实验班

开教研组会议，商讨"琼剧进校园"活动方案，从小学中年级3～4年级的学生中挑选40名学员成立实验班，选取秉承公平公正的原则，选取在3～4年级所有班级群中进行通知，学生自愿报名参加，男女不限，以学生的声音和身段表演基础为选拔标准最终确定40位学生。根据实验班学习情况确定教学内容以琼剧经典唱段为主，具体内容有《狗衔金钗》选段《人逢喜事心欢喜》《刁蛮公主》选段《郎君他多潇洒》《三看御妹》选段《手拿碧桃祷告上苍》。授课老师共3位，其中外聘专业老师1位，本校教师2位。外聘专业教师负责旦角演唱教学、靶子功教学以及琼剧排演。两位本校教师负责日常基础训练与教学活动。

二、开展问卷调查

调查了解实验班学生会说海南话的有多少，同时对琼剧演唱兴趣的人数比例多不多，并对第一手调查结果进行统计、分析，客观立足琼剧演唱教学现状，制定研究方案。

组建琼剧实验班家长群，方便及时接收通知和年度问卷调查。

三、严格落实各个环节，打造精品教学过程

备课是提高课堂教学效率的前提与基础，备课质量决定课堂质量。实验班学生是从年级各个班级里挑选的学生，授课时间只能是课后开展，如何在这有限的时间里做出高效的课堂来，首先我们要考虑的是有效的学习方法。琼剧表演是一门综合性很强的艺术，具有高度程式化的特点。因此，表演者就必须学习掌握戏曲基础的"四功五法"，"四功"指的是"唱念做打"，"五法"指的是"手眼身法步"。由于我们的教学对象是小学三、四年级学生，并不需要像专业演员那般深入的教学，主要是以寓教于乐的方式，通过"四功五法"的普及，引导学生对琼剧基本功的了解和掌握，培养其欣赏能力和兴趣。具体实践方法如下。

1. 启蒙阶段

通过音频、视频以及教师讲解向同学们普及琼剧的历史背景以及"四功五法"的基本概念，让学生对琼剧有初步的了解。

2. 音乐律动与身段的配合训练

教师形体示范，学生通过模仿动作，体会戏曲身段韵味，在戏曲音乐的律动中尝试将学生所学身段与相关戏曲配乐相结合，培养学生的节奏感，熟悉戏曲音乐的律动特点，感受戏曲的综合艺术魅力。

3. 海南话语音训练

海南话语言训练是琼剧实验班前期教学的重点与难点。如今海南话的传承面临着危机，在省内许多小学生不会海南话，而琼剧中的唱词与念白多是凝练规整的文学性表述，同我们日常生活中的海南口语化方言有所区别。这就给琼剧的教学带来了挑战。

语音课就是练习学生如何在唱念中把字咬正、咬准、咬真的一门课。剧中的唱腔与有些行腔跟地方的语言结合紧密，受语言的影响很深，这不仅体现在它的旋律上，更突出的还是体现在演唱的吐字行腔韵味上。有些唱腔，光从谱面上来看，简单无味，例如琼剧《搜书院》中日文所唱二字板："恩师，才

智，不下，孟轲，这条，妙计，真是，绝好……"似乎字面上看起来很简单，是纯粹的单音"232，265，123，52，61，36，33，32……"节奏呆板，感觉没什么听头，而海南老观众听了这段的演唱，却非常喜欢，咬字清晰，传情准确，韵味浓厚，很有"琼剧味"。由此可见，咬字在琼剧表演中的重要性。因此，我们在教授学生语言发音时，首先要讲解清楚文字意思，要求唱念中把字咬正、咬准、咬真。具体实操可以按句式的音节划分方法来念词。例如：原来是小姐到书房（5+2）；请小姐多多原谅（5+2）；文秀冒昧理不当（4+3）；一时不觉才冒犯（4+3）。此方法学生按着音节划分带着节奏念词，易理解易学习，同时也增加学习的乐趣。

4. 琼剧唱腔发声练习

琼剧发声与声乐发声最特色的区别就是发声，琼剧可以在方言吐字行腔的基础上训练，例如：琼剧练声曲《阿妈带我上山砍柴》这首练声曲，发声练习时完全可以带着"琼剧味"，在琼剧的吐字行腔基础上进行练习，同时借助声乐的发声规律，借助乐器演奏进行基础音阶的转调发声训练，由低音往高音或由高音往低音练习。此方法很好地训练了学生的音准、节奏、气息、声音的圆润度等，最重要的是琼剧味道也出来了，这样的练习不仅做到了吐字准确、清楚、韵味浓郁，也为今后的唱腔打下了坚实的基础。

5. 虚拟程式的学习

琼剧在编排和表演中是有整套程式构成表演艺术动作的，这也决定了琼剧表演具有虚拟性的特征。如在戏曲表演中，开关门、上下楼等具有生活气息的表演动作，都是用虚拟的方法来表演。例如，"开门"动作，在戏曲舞台表演中并没有真实的实物"门"，而是通过表演者的动作与观众的想象约定俗成的动作程式。再如，"骑马"在戏曲表演中表演者只挥动手中的马鞭并做出相应的骑马姿势来加以表示。正是由于戏曲独特的"虚拟程式化"，在实际教学过程中教师更加注重调动学生的想象力，积极引导学生透过这些舞台动作联想生活中的实际内容，充分发挥想象力理解并学习戏曲程式动作。

6. 声情并茂

在唱段教学过程中，会发现学生刻意盲目地追求音高和音量，此时要及时引导学生在理解剧情的基础上，不能大声喊唱，应以情带声，注意控制气息与咬字吐字的清晰，保持声音的圆润与流畅。

7. 经典唱段教唱

通过前阶段戏曲知识入门、海南话语音训练、发声练习等综合培养，为这一阶段经典唱段的学习奠定了基础，这一阶段的学习反过来又是前一阶段的综合表演和呈现。具体学唱内容有《狗衔金钗》选段《人逢喜事心欢喜》《刁蛮公主》选段《郎君他多潇洒》《三看御妹》选段《手拿碧桃祷告上苍》，所选的内容都是脍炙人口经典选段，其旋律欢快、朗朗上口，适于3～6年级学生学习。

四、以实验班学生汇报演出的形式，"以点带面"在校园中渗透琼剧文化

1. 期末汇报演出：首批观众是小学部中高年级学生

因为实验班学生是从中年级学生中挑选的，观众与演员年龄相仿更能激起大家共鸣。实验班学生将本学期的琼剧学习内容通过优美的戏曲身段和唱腔向其他同学展示。把课堂内容搬上舞台，不仅为实验班学生提供了舞台锻炼的机会，同时也向其他年级学生传达琼剧学习的信心，自己班级的同学或者低年级的学弟学妹都可以把琼剧学习得这么好，相信自己也可以。

2. 海南省戏曲进校园活动：第二批观众是小学部全体学生

引进高水准节目演出，提升校园戏曲文化氛围的同时提高学生的欣赏水平。琼剧不仅是艺术宝库，同时也负有"高台教化"的功能，戏曲进校园活动通过"美"的表现形式，传播教育引导学生追求真善美的内在价值观念。学生在欣赏专业演员表演的同时，实验班学生一起同台献艺，整台节目都是高水准的表演，自然而然会给实验班学生节目起到水涨船高的烘托氛围，对实验班的学生来说是一次特别珍贵的演出经历。自己在台上演出的时候，班里同学在台下欣赏并报以热烈的掌声，对学生们来说是莫大的鼓励，不仅增强了他们表演的自信心，也提高了他们学习琼剧表演的兴趣，同时也是对整个小学部学生起到学习琼剧的榜样作用。

3. 元旦文艺汇演：第三批观众是全校师生和家长朋友

2017年，由中共中央办公厅、国务院办公厅印发的《关于实施中华优秀传统文化传承发展工程的意见》指出："要丰富拓展校园文化，推进戏曲、书法、高雅艺术、传统体育等进校园，实施中华经典诵读工程，开设中华文化公开课，抓好传统文化教育成果展示活动。"元旦文艺汇演节目展示活动，参与人员从实验班学生拓展到学校师生参与，普及面广，宣传力度变大，学校应以"琼剧进校园"活动为契机，进一步加强校园传统文化的渗透与传承，丰富学校师生的校园文化生活，提升学校文化软实力，为琼剧培养后继力量打下坚实的基础。

五、琼剧教学公开课、讲座

开始以实验班学生来上公开课，接着普及到普通班，实验班学生的整体基础要比普通班学生全面一些，在教学中更容易掌握教师所教知识，都说"教学相长"，学生的进步反过来也影响着教师的教学能力的提高。实验班学生公开课上的表现对普通班级学生也起到示范作用。教师上同一课题内容，在琼剧实验班和普通班级进行比对，寻找差异和不同，及时记录总结和反思。

聘请琼剧专家到校讲座，实验班学生可以配合讲座内容进行"唱念做打"，四段基本功的展示，让听讲座的老师和学生们更加直观地了解琼剧的表演程式。在校园里开展戏曲文化教育讲座，不仅能够陶冶学生的情操，提升学生的审美能力，同时对广大学生的人文素质教育具有重要的意义，对接下来琼剧教学的普及起到很好的推动作用。

六、媒体宣传、美篇制作、录制音频视频、校本教材

现在是自媒体时代，要懂得借助媒体的力量进行琼剧教学的宣传。例如：教师或学生参加琼剧表演和比赛时，可以主动接受媒体记者的采访。精彩的教学片段和汇报演出视频可以上传优酷、抖音等，借助相关短视频社区平台进行宣传。

美篇制作，把平时的教学过程、期末汇报演出、戏曲进校园活动、元旦文

艺汇演、公开课、专家讲座等，分别制作成美篇，在各班家长群或朋友圈转发宣传，美篇制作图文并茂，起到更直观的宣传作用。

教师录制教学音频视频和学生录制学习成果音频视频，打造校园教学戏曲专辑，丰富琼剧教学资料。

校本教材的编写，琼剧校本课程的开发实际上就是在构建学校的自身特色，打造"个性化"的学校形象。在琼剧教学过程中，实验教师根据学校自己的性质、需要、特点编写校本教材，为下一年级留下继续使用的资料。

七、注重师资力量的培养

建立完善的教师成长体制，鼓励教师参加相关培训学习和琼剧实践展演，提高教师教学业务水平。"琼剧进校园"目前尚处于起步阶段，各市县教师都在探索有效的特色课堂以确保"琼剧进校园"活动更好地实施开展。在此背景之下，教师要充分发挥自身创造力，充分锻炼教师的教学适应能力、学生组织能力以及相关科研能力等综合素质的培养，提升整体教师团队的综合实力，为后续承担起各种形式与内容的教学活动打下基础。

"琼剧进校园"活动如果只在本校普及，影响力毕竟是比较小的，要想着怎么走出校园，与外校相互影响和进步。我个人建议，先以试点学校为联盟，年度定期举办琼剧教学成果汇报演出，把年度成果汇报做成常态化，年年举办。让各试点学校都能欣赏到兄弟学校的汇报成果，相互学习和借鉴，总结有效经验，稳步推进琼剧教学工作有序开展，让海南文化——琼剧在中小学校园中不断发扬光大！

参考文献

［1］中华人民共和国教育部制定.义务教育音乐课程标准（2011年版）
　　［M］.北京：北京师范大学出版社，2012.

［2］中国民主法制出版社.中华人民共和国非物质文化遗产法［M］.北
　　京：中国民主法制出版社，2011.

［3］向季慧.非物质文化遗产进校园［D］.华中师范大学，2017.

［4］梁明江.海南方言的特点［J］.海南大学学报（社会科学版），1994（01）：17-23.

［5］许志芳.梨韵悠悠唱响校园——浅谈小学戏曲进校园的途径与方法［J］.音乐天地，2009（03）：21-22.

［6］李雪玲.传统戏曲进校园的必要性及途径［J］.四川戏剧，2018（05）：182-185.

［7］程芳.戏曲进校园课堂教学策略研究［J］.音乐天地，2019（03）：19-25.

［8］李星星.海南琼剧文化进课堂的发展现状及实施路径研究［D］.海南师范大学，2019.

［9］李芳芳.海南普通学校校本课程中地方音乐文化资源的开发与策略［D］.东北师范大学，2011.

聚焦表达，快乐写话

——浅谈统编教材背景下小学生写话能力的培养

海口市海景学校　符石英

写话教学是小学习作教学的起步阶段，如果低年级的学生在写话阶段能够对语言表达感兴趣，学会表达方法，乐于书面表达，那么就不会对往后的习作产生畏难、抵触心理。这就需要教师的有效指导。看图想象，指向语用的课堂教学，乐于积累和运用词语，在生活中学习表达，这些都是培养学生写话能力的有效途径。

写作文一直是广大师生和家长们极为重视、又极为头疼的事。要么无话可写，要么有话写不出，要么写出来了缺乏文采。于是乎，写作文无形中已经成为一种学习压力。然而，因学习需要，写作文是不可或缺的。其实，孩子们觉得写作文难的这种念头大多是因为受到大人的影响。如果从写作文的最初阶段——写话开始，就对语言表达感兴趣，喜欢表达，那么在进入中高年级后，就不会害怕写作文了。那么，怎样才能消除孩子们对习作的畏难心理，爱上表达呢？这就需要在写话阶段，调动起写话的兴趣，激发表达的欲望，提高写话的能力。让写话成为一件自然而然、快乐的事。

一、指导看图，激发想象

小学低年级的孩子，生活经历少，见识有限。新课标在低年段写话目标中，鼓励孩子们"写自己想说的话，写想象的事物"。这是符合他们年龄段特点和思维特点的。统编教材在安排写话训练主题的时候，看图写话占的比例比较大。毕竟图文结合的形式更能吸引低年级孩子的目光，更容易引发他们的表达欲望，更适合训练他们的想象能力。那么，怎样利用看图写话，培养孩子们的写话能力呢？

1. 学会观察，读懂图画

看图写话的第一步，是读懂图画。教师在指导学生看图的时候，先要教学生学会观察。观察，要讲究顺序，如果是单幅图，可以按从上到下、从左到右、整体到部分这样的顺序观察。如果是多幅图，那就要一幅一幅地观察，再把内容合在一起。以统编语文教材二年级下册第四单元的看图写话为例，要求观察四幅图，再把小虫子、蚂蚁和蝴蝶用鸡蛋壳做的事，以及它们一天的经历写下来。指导这个看图写话，可以引导学生按顺序观察，把图一"玩跷跷板"、图二"乘坐热气球"、图三"遮雨"、图四"睡觉"，这些事情合在一起，就把图画的内容讲完整了。

2. 合理想象，丰富语言

如果由几幅图构成的看图写话，仅仅是把画面内容罗列出来，三言两语就叙述完一个故事。但这样是不能打动人心的。怎样才能使这个故事内容丰满、情节吸引人呢？那就要结合图画，展开合理的想象。通过想象，挖掘出画面没有展示出来的内容。例如，小虫子、蚂蚁和蝴蝶是在哪儿找到这个鸡蛋壳的？它们在玩跷跷板、乘坐热气球、遮雨、睡觉的时候，会说些什么话？它们的心情是怎么样的？这个神奇的鸡蛋壳对它们来说有什么意义？如果想到这些内容，并能写下来，那就是一个非常有趣、非常动人的故事了。

因此，想象对于学生来说，就像不可或缺的珍宝。通过想象，可以对画面进行创造，可以提高学生的思维能力，可以走进人的心灵，发现更加美好的东西，在情感上也会得到很好的熏陶。

二、课堂教学，指向语用

要提高学生的写话能力，靠一学期几节写话指导课是远远不够的。作为教师，应该有随时随地创设情境，让学生喜欢表达、训练其语言表达能力的意识。其实，在一、二年级的语文教材中，就有安排一些积累、运用词语和练习说句子的基础性训练。这些都是为了帮助学生能够顺利地进入主题写话，提高语言表达能力。另外，统编教材选编的每一篇课文，作者的布局谋篇、遣词造句都是语言表达上活生生的范例。教师在阅读教学过程中，要关注课文的语用点，引导学生仿造句子，练习说话。

老师在策划学生语言表达训练时，应尽可能地为学生提供"言语媒介"这样的"支架"。"支架"可以是文本自身的语言材料，以统编教材一年级下册《要下雨了》一课为例，有句话是小白兔对从它头上飞过的燕子喊道："燕子，燕子，你为什么飞得这么低呀？"教师要抓住契机，让学生学习语言表达。引导学生明白连叫两声是为了让别人听得更清楚，引起别人的注意。然后联系生活，让学生想一想平时对爸爸妈妈、老师、同学等，是否也这样讲过话，是怎么说的。学生有了这个"支架"，就会产生表达欲望，畅所欲言，说出"妈妈，妈妈，你带我去看电影吧"这样的句子。以后学生在生活中、在写话时，遇到类似情况，就知道怎么表达了。这样的"支架"还可以是老师提供的句式。还是以《要下雨了》一课为例，句式为"小白兔看见路边有一大群蚂蚁，就大声问：……"问什么？学生接着说下去。有了这样的支架，学生就有了思考和学习的凭借，自然会生成表达的智慧。

因此，面对每一课的阅读教学，我们都不能仅仅把课文当课文来教，我们必须带领着学生发现这一课独到的表达方法，并通过实践，让学生习得方法，提升表达能力。我们一定要谨记，我们是语文教师，是教语文的，因此，绝不能只看到课文所传递的信息，还应当去关注作者是怎样传递信息的。

三、积累好词，学以致用

新课标指出"在写话中乐于运用阅读和生活中学到的词语"。教师常感慨低年级孩子的写话内容简单、直白，像记流水账，不够生动具体。其实，这不能全怪孩子们。要知道，儿童是先发展口头语言，后发展书面语言的。一个孩子能够绘声绘色地讲述一件事，未必能文从字顺地把这件事写下来。所以，当低年级的孩子能够用一句话或者几句话表达清楚自己看到的、想到的时，已经

是了不起的事。

那么，如何指导学生更准确、更生动、更具体地表达，就需要教师的合理引导，不失时机授予方法。在写话的时候，用上课文中学到的、平时阅读和生活中积累的词语，就是一个好方法。一、二年级语文教材中，阅读课文几乎都安排有"读一读，记一记"这类型的课后练习，帮助学生积累词语。阅读课外书籍的时候要动动笔，把喜欢的词语抄写下来。平时在生活中，看电视、听别人聊天的时候，要多留心，把别人用得好的词语记录下来。

平时积累了许多词语，写话的时候就能用上，使表达更生动。例如，学生的第一次写话训练是写自己喜爱的玩具，大部分的孩子按照提示语这样写："我最喜爱的玩具是小汽车，它是红色的，它可以跑动，可以放音乐。"虽然写得清楚，可是很简单。小汽车到底是什么样的，有多好玩，作者有多喜爱它？读者感受不出来。如果学生能够用上平时积累的词语，写成这样："我最喜爱的玩具是电动小汽车，它外观很酷，颜色红得像火。只要打开开关，按下按钮，它就飞快地跑起来，还能发出优美动听的乐曲。我可喜欢这个玩具了！"显而易见，用词语加以修饰，这些句子就生动起来了。

课标指出："语文课程是一门学习语言文字运用的综合性、实践性课程。"积累语言最终的目的是指向运用的，只有在运用中，学生才能更深刻地体会到积累的价值。

四、留心生活，指向表达

"长辫子老师"郭学萍曾说：写作，不光是靠写作课来教的。作为一名语文教师，要做生活中的有心人，要有写作的敏感，善于捕捉写作的契机，并把这份敏感、敏锐传递给学生。她为了培养学生对日常生活留心观察、细心感受的习惯，鼓励学生每天记日记，真实地记下每天的见闻、发现和自己的喜怒哀乐。

低年级的孩子，虽然刚刚学会书面表达，但是他们充满童真童趣，有着强烈的好奇心和丰富的想象力。因此，老师不仅要做生活的有心人，还要带领学生去发现生活的美、生活中有趣的事物。让学生写自己喜爱的玩具，就让他们带上玩具玩一玩；让学生写自己想养的小动物，就先认识各种小动物；让学生写春天，就带着他们在校园里走一走，看看大片的新绿和争奇斗艳的鲜花……

让孩子们发现生活的美，并与同伴分享、交流，再写下来。只要乐意写，一两句或是一两段，都要鼓励，都值得肯定。巴金先生曾说过："只有写，才会写。"写得多了，慢慢就会越来越有感觉，越写越顺手。

作文教学是小学语文教学中的重点，也是难点。而写话教学是作文教学的最初阶段。万事开头难，如果低年级学生在写话阶段，顺利过渡，克服畏难心理，乐于表达，那么进入中、高年级习作的时候，就不会排斥，不会"谈作文色变"了。

参考文献

［1］王林波.指向"语用"的阅读教学实践［M］.福州：福建教育出版社，2018.

［2］郭学萍.小学创意写作［M］.北京：中国轻工业出版社，2015.

［3］沈名喜.在小学写作教学中提升学生核心素养［J］.新教育，2018（6）：51–52.

浅谈提高小组合作学习实效性的方法与策略

海口市海景学校　高元聪

《新课程标准（2011版）》倡导教学应根据具体的教学内容，从学生的实际出发，创设有助于学生自主学习的问题情境，让学生获得"基础知识、基本技能、基本思想、基本活动经验，不断提高学生发现问题和提出问题的能力、分析问题和解决问题的能力"，也就是提倡改变传统的教学模式，让孩子经历"自主、合作、探究"的学习方式，在自主思考与合作探究中不断提高自己发现问题和提出问题的能力、分析问题和解决问题的能力。采用小组合作的学习模式，是实现这一目标的有效手段。但是如何做才能够更好地提高小组合作学习的实效性呢？下面笔者将对提高小组合作学习的实效性的方法谈几点浅见。

一、认真备课——精心制作导学案，为小组合作学习制定学习路线图

一般来说，同一位老师所执教的公开课的教学效果要比平时的教学效果要好，这显然不是因为公开课上这位老师的教学能力提高了，而是因为教师的备课比平时充分多了。由此可见，认真备课是上好课的前提，任何一堂成功的课，无不凝结着老师备课的心血。但是认真备课就能保证上出一节高效的课了吗？事实上显然并非如此，如果只有教师的精心备课，而没有一个更好地引导孩子学习的工具，小组合作学习的实效性也是很难提高的，因此，我们认真备课时还必须要精心设计导学案，为孩子们的学习制定学习路线图，引导孩子们

进行预习、探究、交流。

一般导学案要具备三要素——课前导学、课中导学、达标检测。课前导学是老师为引导孩子们有效的自主预习课文而创设的几个问题，引导孩子们有针对性地独立思考，为课中的学习打好基础，是课中教学的重要依据。课中导学是教师为引导孩子们进行自主思考、合作探究而设置的探究活动，引导孩子们在自主思考、合作探究的活动中学习新知，提高学生发现问题和提出问题的能力、分析问题和解决问题的能力。达标检测是教师为检测孩子们对当堂课所学知识掌握情况而制定的题目。

下面是笔者在教学《菱形的判定》一课时所制作的导学案：

1. 课前导学

（1）菱形有哪些特殊的性质？

① _____

② _____

（2）请你用"如果……那么……"的形式写出菱形两个性质定理的逆命题。

① 如果_____，那么_____

② 如果_____，那么_____

（3）作图。

① 请你仔细阅读课本P114的"试一试"，按照它的步骤，作"一个四条边都相等的四边形"。

② 请你仔细阅读课本P116的"试一试"，按照它的步骤，作"一个两条对角线互相垂直的平行四边形"。

2. 课中导学

活动一：讨论"课前导学"，提出猜想。

分组交流讨论，改正"课前导学"中的做错的题目，并提出菱形判定方法的猜想。

猜想一：_____

猜想二：_____

活动二：证明猜想。（小组同学交流讨论）

① 证明猜想一：四条边都相等的四边形是菱形。

请你结合图1写出已知求证并进行证明。

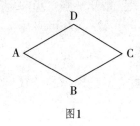

图1

已知：

求证：

证明：

② 证明猜想二：对角线互相垂直的平行四边形是菱形。

请你结合图2、图3写出已知求证并进行证明。

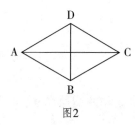　　　　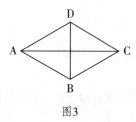

图2　　　　　　　　　　图3

已知：

求证：

证明：

概括定理：

（1）菱形的判定定理。

定理1：_____　　　定理2：_____

几何语言：_____　　几何语言：_____

（2）梳理新知。

活动三：交流讨论。

① 这三种方法是从菱形的哪些要素来判定的？

② 从边这一要素进行判定的两种方法中，它们的区别在哪里？

③ 如果把定理二中的"平行四边形"改为"四边形"，对角线应该满足什么条件它也是菱形？

④ 你觉得判定菱形的一般思路是什么？

活动四：梳理知识结构。

图4中有三个图形，请你用线把它们连起来并附上简要的语言，梳理出"菱形的判定知识结构图"。

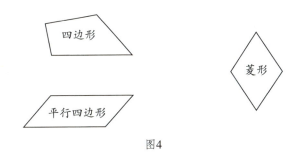

图4

3. 达标测评

（1）下列条件中，能判定四边形是菱形的是（ ）。

A. 有三条边相等的四边形　　　　　B. 对角线互相垂直的四边形

C. 对角线相等的平行四边形　　　　D. 对角线互相垂直且平分的四边形

（2）如图5，四边形ABCD的对角线互相垂直，且OB = OD，请你添加一个适当的条件_____，使四边形ABCD成为菱形。（只需添加一个即可）

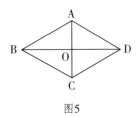

图5

（3）如图6，在矩形ABCD中，对角线AC、BD相交于点O，过点C、D分别作CE∥BD，DE∥AC且相交于点E。

求证：四边形OCED是菱形。

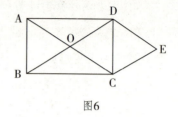

图6

通过这一导学案，笔者为孩子们的学习制定了一条明晰的路线，引导孩子们自主学习、独立思考、合作探究。

二、课前抽阅导学案——进行二次备课，为小组合作学习奠定基础

学生按照导学案上设计的问题进行自主学习，待学生完成导学案后，老师在上课之前要对本节课导学案进行抽查批阅，最好是能够全批全改。批阅的目的既是对各小组学自主学习效果的一次评价，也是对学情的又一次深入调查。课前进行的这次学情调查是确定新课题学习起点的重要依据，旨在确定哪些知识学生已经通过自主学习解决了，哪些知识在课堂上要重点关注，教师要做到心中有数，找准新课题内容的学习起点，把握学习进程，指导学习策略，进行二次备课，以便在学生进入小组合作学习时更有针对性，为提高小组合作学习的实效性打下坚实的基础。

三、课中大胆放手——发挥学生的主体地位，切实落实小组合作学习

就课论课，在传统的课堂中，虽然课堂上也有不少学生积极发言，但是由于教师总是讲解、分析得足够细致，为的是让学生能快速地把握重点。这样造成的结果是，从表面看，问题能得到了快速"解决"，课堂看似高效，但实质上真的很有效吗？未必！当教师习惯性地把学生当作接受知识的容器时，学

生的思维就会受到潜移默化的弱化，他们总是在习惯性地等待教师对问题的剖析，他们总是认为教师的答案一定是正确的。要知道，不带批判性的学习是浅层次的，没有思维容量的课是乏味的。这样的课堂，教师习惯于过多引导，一旦教师自身预设或思考深度不够，往往会造成误导。这样的课堂，学生的独立分析问题、解决问题的能力终究难以得到大幅提升。久而久之，学生的创新能力必将丧失殆尽。教学不仅要教活动的结果（答案），而且要呈现活动的必要过程——暴露解题的思维活动。没有过程的结果是现成事实的外在灌输，没有结果的过程是学习时间的极度消费。因此，在课堂上，教师应该大胆放手，关注生成重视生成，从而让学生能在课堂上暴露思维，迎接挑战，体验快乐。

有了导学案，教师已经为孩子们的学习制定了路线图，孩子们在教师的引导下依照导学案创设的活动进行自主、合作、探究的学习过程，真正把课堂还给学生，学生在课堂中积极思考、讨论，因此在课堂中老师是导演，学生是主演，学生在小组合作学习中各抒己见，相互讨论，暴露自己的思维过程，发现不足及时纠正，取长补短、相互促进提升，这样就能最大限度地让优生更优、学困生也能得到快速的提升，课堂效率也就提高了。

在笔者实施小组合作学习的一年半里，好多优生都表示他们在给其他同学分析的过程中，同学不停地提问，自己也要思考，原本有些模糊的概念在给人分析后觉得清晰多了，对所学知识的理解更深刻了。许多学习困难的孩子也表示有了小组合作学习，在课堂中有小组的同学倾听他们的发言，发现他们学习思维困难的原因所在，再有针对性地讲解分析，他们也能学会许多之前没有学会的知识。

四、实行小组综合性评价——提高小组合作的积极性

评价的最终目的是促进全体学生全面、自主地发展，让学生更清楚地认识自己。学生特别注重教师及同学对自己的评价和看法，教师要充分利用这一点，有目的地培养学生的合作意识。在对学生的评价上，教师要以小组集体的学习效果作为评价的依据，使学生形成集体观念，提高小组的凝聚力，强化小组成员间的交流合作，促进小组成员的共同进步，因此，小组综合性评价是小

组合作学习评价的主体性内容，进行评价时要特别强调学生的自主参与，要利用各种评价手段和评价方式来调动学生自主参与，激情投入。具体查看指的是各学习小组学生参与的人次和次数是多少，参与的质量高不高，比如发言时声音是否洪亮、表达是否到位、语言是否简练、站姿是否大方、情感是否投入、做题步骤是否完整、书写是否工整等。可通过表1进行记录。

表1　小组评价表

小组	学案	展示	评议	探究	纪律	总分
一						
二						
三						
四						
五						
六						

对每节课的小组学习情况进行量化打分，根据分数的高低进行奖励，大大提高了孩子们合作学习的积极性。

总之，教师要从课前的备课、制作导学案、批阅导学案入手，在课堂中大胆放手让孩子们进行合作交流的探究式学习，并以小组综合性评价增强小组凝聚力，从而达到要切实提高小组合作学习的实效性的目的。

参考文献

[1] 中华人民共和国教育部.义务教育数学课程标准［S］.北京：北京师范大学出版社，2011.

[2] 张海晨，李炳亭.高效课堂导学案设计［M］.济南：山东文艺出版社，2010.

[3] 马小为，庞彦福.初中数学有效教学模式［M］.北京：北京师范大学出版社，2014.

近十年阅读教学研究述评

海口市海景中学 何月妃

新课程改革以来，以往独白、传授式的语文课堂逐渐被现代教育所淘汰，现在更为推崇的是对话式的课堂，这种以学生为主体的语文课堂我们几乎在每一节公开课上都可以看到，但是落实到日常的课堂中又往往不尽如人意，尤其是对于非新授课文的阅读课堂，更会像是一堂无明显计划的随性课堂。但由于阅读在语文考试中所占的比重较大，且教材内新授课与阅读教学都共有是为了让学生结合自己的生活体验理解和感悟作家在作品中流露出的情感或思想，以期在阅读中获取升华于作品本身的自己的二次创作的经验，也就是为了提升学生的阅读层级。根据夏正江先生在《试论中小学生语文阅读能力的层级结构及其培养》一文内容，学生的阅读层级可分为两大类，即"本体性阅读能力"和"相关性阅读能力"，其中"本体性阅读能力"可细分为知识性阅读能力、理解性阅读能力和探究性阅读能力三个层级；而"相关性阅读能力"主要是自动化阅读能力、朗读与默读能力等工具性能力。

在本文主要探讨的是"本体性阅读能力"层级的提升。也就是通过有效的阅读教学课堂将初中学生所具有的对文字的基本阅读能力转化为"理解性阅读"，即仅仅根据阅读者已学过的某种知识，直接地对阅读测试项目做出正确的解答，这也就是我们在语文考试所需要的应试能力，最后，经过长时间的阅读教学，达到"本体性阅读"的最后一个层级，掌握对作品的审美能力；即新版的初中语文教学大纲中规定的"学习欣赏文学作品，感受作品中的形象，欣赏优美、精彩的语言",这要求学生必须是将文学作品中的情感、语言、主旨等作为浑然的一体来阅读,而不是将作品简单粗暴地割裂阅读。

整体阅读同样也是语文阅读教学中不变的诉求之一。整体阅读在教学模式上要求将以往的"教师—文本—学生—文本"变更为"学生—文本—教师—文本"的模式,对教师授课的要求较高。整体阅读或者说是将阅读课堂放诸在一个整体体系之中,这样的教学课堂并不是将碎片化的知识通过一节课来让学生掌握,而是将一块整体知识有计划、有目的地截取最关键的部分,让学生通过课堂上自己的阅读启发和教师的引导,掌握这一整块的知识区块链,如现在个别学校近来实践的群文阅读、主题教学、单元整组教学等。

下文将根据阅读教学课堂的教学方式、教学过程、教学策略、教学方式等条件,阅读教学分为两个大类:结构化阅读教学和导向型阅读教学。

一、结构化阅读教学

"结构化教学法"是由美国北卡罗来纳州大学精神科学系的一个专门研究和推行孤独自闭症儿童教育的部门在"自闭症与沟通障碍儿童的治疗与教育计划"中首次提出来。结构化教学法,也称系统教学法,就是根据儿童的学习特点,有组织、有计划地安排学习环境、提供学习材料,设计学习程序来完成教学环节。"结构化教学法"最开始是为了适应自闭症与沟通障碍的儿童的学习特点而应运而生,但是"结构化"的教学思想也同样适用于我们学龄儿童的教学中,因为中小学段的孩子都有其普遍性的学习特点:畏难与无序,细致来讲,就是现在学生们的阅读普遍处于一种随意、无序、仅仅凭借基础性知识走马观花地阅读感兴趣的作品,而不是大量地、理解性地去阅读,这不仅是关系到学生阅读能力能够得以培养的问题,实际上这还关系到学生的语文能力甚至共情能力。李吉林先生在《"情境教学"的操作体系》一文中提到"结构决定功能,单一的结构必然形成功效的低微"。诚然,单一的结构已经不能满足现在已经习惯在日常生活中频繁接触多媒体的学生的需求,为了让学生在阅读课堂上真正领略到文字的风采,近十年来语文教育界进行了多次探索和实践,也在不断曲折迂回地前进着,其中,在这纷繁争讼的语文阅读教学实践中,我选择了"情境阅读教学""群文阅读""主问题阅读教学"这三种更适合我现在任教的海南海口初中学生的阅读教学方法来进行论述。

1. 情境阅读教学

情境阅读教学最开始改革的是课堂的教学结构，由原来的单一结构，直线的序列改成多项结构，螺旋式的序列。语文教学向来是通过一篇一篇课文的讲授来获得碎片化的知识，再通过各个课文学习效果的相加来完成一册教材的学习，这种忽略整体教材编排的教学既不符合教材本身的特点，也不符合初中学段儿童大部分无法自己整合学习效果的学习特点相适应，最终也无法达到预期的教学效果。

情境教学途径讲求的是情境的优化，而情境优化依托于在教育中引进艺术及探索艺术，可以借助图画、音乐、戏剧这些艺术形式创设情境和根据课本问题的需要利用生活场景和物品来展现情境，甚至可以是反向通过情境来进行所学内容的反馈或进一步加深学生对课文的理解。情境教学还十分讲究过程的优化，"它分别体现在组成语文教学的三大因子：识字、阅读、作文的教学过程中"。从阅读教学上来讲，情境教学讲求"带入情境读全篇""强化情境抓重点""凭借情境品语感"，优化阅读教学过程，有效地达到初读弄清作者的思路，细读读懂关键词句段，精读学会欣赏课文精华的教学目标。情景教学还讲求强化课型创新。在阅读教学中，我们可以根据文章类型的不同和课标中学生核心素养的需要，设计不同的阅读课课型，如"朗读课型、学法指导课、文学欣赏课型、活动课课型、积累课型、整体感悟课型、自主阅读课型、思维训练课型、探究课型、单元组合课型"，等等，多课型的设计不仅是为了体现不同文学体裁的特点，更是为了实现阅读教学课程的多功能。

情境阅读教学是一个老生常谈的话题，2001年教育部正式颁布的《义务教育语文课程标准（实验稿）》就已经提出语文课堂应该创设情境来进行教学活动这样的说法，且在卷帙浩繁的语文教案中，我们几乎都可以在其中看到"情境导入""激趣导入""拓展情境"等教学环节，这说明情境的营造应该是我们教学设计中所需要的一个重要环节，在所读的关于情境阅读教学的论文中，它们都肯定情境在语文教学中的重要作用，而情境教学如何优化在上文中也已有了体现，但是它们都并没有系统地提到在情境教学中学习小组所要扮演的角色或如何训练学习小组以达到更优化的学习效果。课堂应该还给学生，由学生来组织情境的设计或者是以情境来反馈学习效果，更符合学生个体能力提升的需求以及未来发展的趋势。

2. 群文阅读

所谓"群文"，即在教学现场，在短暂的教学时间单位里，按照一定的目标或主题，给学生呈现多篇文章。如果说上文的情境阅读教学是多项结构、螺旋式的序列，群文阅读就是并列式的结构，以在有限的教学时间内通过多篇文章的共同阅读，拓宽学生的阅读视野，提升学生的阅读力。那么相对于单篇阅读，群文阅读有什么意义呢？一则，让师生回归到阅读的本源，即阅读课的根本就是阅读，是学生去阅读和教师去阅读，而不是通过"技术"来弱化阅读或过分强调阅读的应试技能训练而忽视学生最根本的阅读视野的拓展和理解性阅读能力的提高，阅读应该是学生接触世界、和作者对话的一个窗口，而不是应试的工具；二则，对真实阅读情状的模拟。在现代社会中，我们每天面对的都是海量的信息，只有能够培养快速地阅读并筛选重要信息的能力，才不会成为信息爆炸的落伍者；三则，有助于改变阅读教学的痼疾。在以往的阅读教学中我们更依赖于教师的引导，所教内容变多了，自然就要将课堂上更多的时间还给学生，让学生自己去读，自己去感受。

但是，群文阅读并不是毫无目的地将一堆文章丢给学生阅读，这是无效的教学活动，正是因为在一节课里读一堆文章，教师更要优化自己的教学设计，如何让群文阅读发挥其价值的最大化？突破点应该在如何组合文章上，与语文教学中出现的"主题教学""单元组合教学"所不一样的是，全文阅读更加灵活，不仅仅是以教材的编排或者单一主题为线索，而是"结构化"地组合群文。首先，结构化的线索更加多角度、多面向。如可以以作者为线索、以"体裁"为线索、以"人文主题"为线索、以"表达方式"为线索、以"观点"为线索等，如此丰富的文章组合形式更加满足了师生对于阅读文章的诉求。其次，结构化群文之间的逻辑性更强，它往往确定一个组文线索后，会从这个线索的多个方面来选择文章组文，如当选择"友情"为线索后，可以从生离、死别、儿童时的友谊、成年后的友谊、对友谊的思考等方面来组文，这些不一而足的文章会因为各个文章之间的矛盾点而让儿童产生更深的思考，提出为什么的话题，这也就达成了思辨这一教学目的。最后，"结构化"群文阅读能够发挥策略指导的优势，即通过多文本阅读，建立起对这一线索的印象，或者是在教师的引导下掌握以后阅读这类文章的阅读策略和答题策略。

群文阅读最根本的特点是它将阅读还归到阅读的本身——"阅读"当中来，这里的"阅读"并不是指主要借助教师引导的刻板的阅读，而是讲求发现至上的生成性的阅读。这样的阅读教学方式在刚开始实施的时候必然是会花费很多时间和精力，但是当这样的模式一旦成熟，课堂真正的主体变成了学生，学生反而会从阅读中获得更多独属于自己的二次创作体验从而提升自己的阅读力，但是在蒋军晶的《语文课上更重要的事——关于单篇到"群文"的新思考》一文中，或者是从其他关于群文阅读思考的论文中，并没有介绍关于这类阅读教学模式的完整课堂教学实录，如果在论文附录中附有这类课堂的实录或者是以某一节群文课堂为例做分析，会更加具有实操性，也更加适合新教师学习。

3."主问题"阅读教学

阅读教学中的"主问题"是指阅读教学过程中能起主导作用，能提挈全篇，能从整体性上引发学生思考、讨论、理解、品析、创造的重要的问题或提问。主问题是相对于教学设计中那些碎片化的、弱化逻辑性的多个小问题而言的，主问题教学有利于课堂上"大量的语文实践活动"的开展，有利于"简化教学头绪，强调内容综合"。主问题出现在课堂上，是对课堂整体情况的预设，而由问题引发的课堂活动是带有学生思考过后的课堂生成，因而，主问题教学和前面的群文阅读一样，它们更注重的是课堂的生成。主问题教学就是一种以点带面的辐射型板块结构，因而课堂的完成度和生成度如何，这问题的设计是关键的前提。那么该如何设计主问题呢？任明新在《语文阅读教学中的主问题设计》一文中给我们做出了一个系统的回答，即可以通过列举的这六种方式来设计主问题："教师要紧扣教学的重点设计问题""要为突破教学难点设计主问题""要依据学生的学情设计主问题""从课文的标题入手设计主问题""从关键词或关键句入手设计主问题""从事件的发展和人、事、理之间的关系入手设计问题"，这六种方式为我们设计主问题提供了一定的思路，但是仅仅凭借这六种思路下结合教学活动的简短分析还是显得实操性不强，因而这里还需要再结合教学名家关于主问题教学的思考和实践。湖北名师余映潮在《阅读教学"主问题"研究与实践笔谈》和《论初中语文教学提问设计的创新》中都有提到他在主问题阅读教学中的实践和经验，很值得我们参考。首先，余映潮提出，由几个"主问题"组织起来的课堂阅读活动呈现"板块式"结构，每一个"主问题"在教学过程中都具有形成一个教学板块的支撑力，这样的板块式结构不会因为某一板块的缺失或者变更而造成整个教学课堂的不完整。其次优秀的主问题应该具有以下特征，这也是检测主问题是否适用于阅读教学课堂的方向：①既是提问，也是在给予学生关于理解课文的丰富的知识暗示；②既是提问，也鲜明地表现了教学思路和教学层次；③既是提问，也是启发学生进行思考探究的手段。最后，余映潮谈到，一般来说，主问题的设计与运用如：①在课文教学的初读阶段，往往用一两个主问题牵动对全篇课文的深刻理解；②在课文教学的进行阶段，往往用一两个主问题形成课堂教学的重要活动板块，形成清晰的教学脉络；③在课文教学的深化阶段，往往用精粹的主问题激发思考，强化创造。

这种以主问题为中心辐射课堂的板块结构，相较于以前以教师讲析为主的单一结构，更大地发挥了学生的积极性和创造性，重视课堂的生成，学生在课堂上讲求自主学习、合作探究和自我评价，且避免了教师上课的随意性。

二、工具导向型阅读教学

工具导向型阅读教学即利用一种定向的教学模式或教学手段，让学生在这种模式的训练下，形成一种思维或习惯定式，自主自发地用这种模式来完成阅读教学，教师利用平时的固定训练，让学生养成习惯，即将语文教学模式和平时训练相结合，使之成为语文学习的工具，向着课标要求或教学目标来学习和逐渐提高能力，这是一种由前人经验总结下来的已经科学化、流程化的一种语文阅读教学模式，下文主要体现为魏书生所创造的师生共治的语文阅读教学模式和文言文经验式阅读教学模式。

1. 师生共治的语文阅读教学模式

这种模式目前运用得较为成功的有魏书生，他在其著作《探索语文教学管理科学化的途径》中就将这种模式通过举例分析的论述方式明晰地向读者展示了如何将语文的人文性和科学性很好地结合在一起的范例。魏书生的课堂实行的举措是由学生和老师共同讨论制定的，首先魏书生和学生一起将语文知识以树式结构表述，归纳为4部分、22项、131个知识点，这样处理后，学生在学习语文时就会根据这个知识树建立起自己的归纳整理自己所学的知识，建立起自己的语文知识网络，也就是语文学习不再是随机的、模糊的，而是可测量、可评价的。当明确要学什么内容，接下来就是怎么学的问题了。他们从管理的角度来制定班级的语文学习规章制度，将每天的语文学习活动规划清晰并监督实施，强调法治，减少随意性和人为性。魏书生师生共治以法治语文教学的轨道主要由以下五个系统组成。

每天每人必做的6件事，包括写500字语文练习、每人写一篇日记、口头作文、明确自己新学知识在语文知识结构图中的位置；统计"三闲"即"闲话""闲事""闲思"的数量、强化效率感。

（1）每天按学号轮流做的3件事，包括办日报、搜集格言、警句、名人名言、实行"课堂教学的六个步骤"。

（2）每周做一次的3件事，包括练写字、学新歌和上文学欣赏课。

（3）每学期做一次的9件事，包括建立座右铭、出考试卷、重视知识结构图、写教材分析、复习一类文章的读法、复习一篇文章的读法、写作文、批改作文、作业检查积累。

（4）不定期的6件事，读课外书、郊游、介绍学习方法、介绍教育学、心理学有关知识及国内外教改信息、相关学科渗透、介绍国外科技动态。

（5）和语文教学相互渗透的7件事，写学习病历、写个人法院审判程序、写说明书、智力训练、三结合学语文、培养学生自我教育能力、引导学生练气功等。

2. 文言文经验式阅读教学

文言文是我们民族的母语，作为一种我们现在一直在学习的书面语，也是我们中华民族的精粹，正是因为前人一直在学习和使用文言文，古时积累下来的许多文言文的经验仍然能为我们所用，并以一种近于固定的形式为我们的文言文阅读教学所用，首先，我们应该树立一种观念：文言文学习并不能单独仅仅是字音、字词、翻译和主旨的理解，而是将其放在一整篇阅读中去理解。其次，适当了解一些古汉语知识，有利于帮助学生理解和学习文言文；再则重视文本理解，不能句句落实地串讲，培养学生的文言文阅读能力；"四文"（文言、文章、文学、文化）融合以及借鉴文章写作方法来完成教学。最后，文言文阅读教学也必须重视学生自主、合作与探究的小组学习模式。

这样的文言文阅读教学模式，虽然借鉴了前人的文言文学习经验来教学，即注重文言文基础知识的积累和运用，但是依然为其注入了新鲜的血液，也可以为我们在以后的文言文阅读教学中提供参考。

三、结语

综观近十年来的语文阅读教学实践和探索研究，阅读教学的理论和实践一直在根据新课标的要求、时代发展的需要和学生学情的变化不断地调整和变革，一直呈螺旋式迂回前进，这次整理出的近十年的阅读教学实践理论仅为笔者考虑任教学生的学情来筛选，以期抛砖引玉。

参考文献

[1] 任明新.语文阅读教学中的主问题设计 [J].中学语文教学，2007（8）.

[2] 余映潮.阅读教学"主问题"研究与实践笔谈 [J].中学语文教学，2007（9）.

[3] 余映潮.论初中语文教学提问设计的创新 [J].语文教学通讯·初中刊.2003（5）.

[4] 黄厚江.文言文该怎么教？[J].语文学习，2006（5）.

[5] 钱梦龙.为语文教学"招魂" [J].中学语文教学，2004（2）.

［6］李吉林.“情境教学”的操作体系［J］.课程·教材·教法.1997（3）.

［7］夏正江.试论中小学生语文阅读能力的层级结构及其培养［J］.课程·教材·教法，2001（2）.

［8］顾之川.新中国教育理论研究70年［J］.中国教育科学·第2卷，2019，9（5）.

［9］张寿山.如何提高初中语文阅读教学的有效性［J］.教育导刊，2010（7）.

［10］魏书生.探索语文教学管理科学化的途径［J］.课程·教材·教法，1991（12）.

［11］温儒敏.“部编本”语文教材的编写理念、特色与使用建议［J］.课程·教材·教法，2016，36（11）.

［12］蒋军晶.语文课上更重要的事——关于单篇到“群文”的新思考［J］.人民教育，2012（12）.

［13］孙亚杰、徐云知.近十年阅读教学研究综述［J］.课程·教材·教法，2003（6）.

［14］钱梦龙.文言文教学改革刍议［J］.中学语文教学，1997（4）.

创新小学体育教学，打造高效体育课堂

海口市海景学校 洪祥华

体育教育伴随了学生的整个学习阶段，但传统体育教学的关注度不足，致使体育教育模式亘古不变，导致体育教学课堂教学积极性不高的情况时有发生，也不利于学生运动思想、体能素养的开发。在新课程的创新要求下，教师应当重视打造高效化体育教学课堂，在传统体育授课的思路中进行创新，进而提升学生的体育技能，也能让学生在学习期间形成合作、坚忍、竞争、创新的正能量意识及综合素养。

高效体育课堂的开展作用是培养学生的运动思想及体育能力，让学生在有效的运动训练中提升自己的体能。但是，现在学生从小学开始就有很大的学习压力，特别是学生生活、作息不规律，容易导致学生身体素质偏弱。为了解决这一问题，教师应当营造优质的课堂模式，在拓展课堂资源的过程中融入游戏化的教学思路，旨在提高体育课堂的目标。

一、打造高效体育课堂的作用

1. 有利于培养学生的运动思想

引导学生在体育课堂中积极、主动地学习各类体育思想及体育技能，有利于实践"体育强国梦"的教育思想。在体育文化发展中，体育学科不仅仅是一项以运动为基础的课程，更是一个德育教育的场所。其中，学生可在体育学习中品鉴各项技能的文化及历史，感受体育运动的乐趣，有利于培养学生的创新精神。通过运用课程渗透思想，能突显出就体育教育与民族意识、民族精神的价值关系。

2.有利于提高学生的体能

小学生的呼吸系统、代谢系统还不完善，故合理渗透体育课程内容，能够提高学生的基础体能，也能逐步改进学生的身体素养。从宏观的角度来讲，体育教师也应当融入特色的、个性的课程内容，有利于激发学生的学习积极性，也能在过程中提高自身的机体功能及免疫力。

3.有利于凸显出新课程的价值

新课程背景下体育教学目标是帮助学生认知运动方法，结合健身、运动的实践能力，促使学生在训练过程中积极融入个人情感价值观。由此可见，教师应在课堂中渗透时政、经济的理论内容，为学生制定一定运动量的训练任务，能帮助学生在运动健身的过程中形成学科知识框架。另外，教导学生形成正确的体育文化价值观，也能提高德育教育的效率。

二、创新小学体育教学，打造高效体育课堂的措施

1.营造优质的教学氛围

在体育教学中渗透情境式课程模式，让学生细心感受到不同事物、不同生活元素与体育课程的关系，进而培养学生的求知欲望。由此可见，打造优质的体育教学氛围，融入不同的学习情境，能促使学生主动参与体育学习探究当中。

在人教版《300～400米耐久跑》教学中，教师需先着重说明长跑项目的换气方法，利用视频的形式展示换气技巧及要求，让学生掌握跑步方式。在此过程中，教师可结合学生的心理境况设立特色的课程形式，渗透"送信"的游戏内容。"送信"情境打造前，教师可提示"卖报员"这一意境，让各个学生明白应当将卡片送到哪个区域。因此，送信场地可在操场、小树林、食堂范围内进行，要求各个学生以慢跑的形式将指定信件送到不同区域，待送至指定地点后返回原场地。其间，学生可选择最合适的路线进行慢跑，教师也可设立相应的障碍，能提高整体耐久跑的趣味性。通过落实出特色的教学氛围，让学生在

克服困难的过程中完成体验任务，全面提高学生的综合能力。通过运用"卖报的小行家"这一歌曲元素，能够实践寓教于乐的教学目标。同时，愉快的游戏形式还能让学生更全面地理解体育课程的情感元素，这对于提高课堂效率是有利的。在这一轻快、愉悦的教学氛围内，不仅能提高整体课程的感染力，还能凸显出体育课程的魅力。针对于此，耐久跑练习还可融入"接力赛"的形式，引导学生共同完成长跑运动。其中，教师可给学生分组，要求学生2人一组，共同进行600米的接力比赛，同时给予成绩优异的学生一定鼓励支持。通过融入不同教学元素，要求学生在体验、创新、感知的过程中掌握耐久跑的技巧，帮助学生在合作学习、体验学习、参与学习的过程中改善学生的身体机能。

2. 拓展体育课程资源，创新理论内容

创新课程内容，让学生主动、积极地融入教学体验过程，有利于提高学生的学习主动性。由此可见，教师应综合体育课本内的理论内容，依据教学目标融入关联性游戏元素，提高课程的体验价值。需要注意的是，教师应注意依据不同章节的目标设立特色的主题活动，这对于开发课堂资源是有利的。

在人教版《识别危险源，远离危险》的创新教学中，教师可先运用多媒体设备展示常见的危险源，同时向学生提示用电安全、火灾、洪涝灾害的负面影响。在此过程中，体育教师可利用多媒体技术营造模拟化的主题场景，要求学生讨论应当如何进行区分、发现不同的危险源。例如，教师可展示"带电的水源""地震""危楼""高温区域""高楼坠物"等危险源，同时要求学生说出校园内的危险状况。通过引导学生说明常见的运动危险（跌伤、摔伤）、用电风险（触电、用电不安全）等内容，提出如何进行规范的运动及体育训练活动。此时，教师可设问："踢足球运动有哪些风险因素？"要求学生围绕这一问题思考。最后，教师还可展示与安全教育相关的理论资源，引导学生运用互联网技术收集与危险源相关的内容，记录规范运动、规范作息、规范生活的方式，以便让小学生在后期的体育训练中养成良好的行为规范。总之，高效体育课堂设计中，教师应注重创新、拓展课程内容，利用多媒体，能培养学生的思维能力及创新能力，也提高了传统体育理论课程授课的趣味度。

3. 融入趣味性游戏课程内容

凸显趣味性体育元素，运用视频元素、图片元素展示各项体育运动的技巧及逻辑，能开发学生的思维能力。因此，新时期体育教学过程应融入互动性的教学环节，要求学生在课堂中积极表现自己，也能培养学生的认知能力。

在人教版《立定跳远分层练习》的教学中，教师可先说明立定跳远的技巧，展示出如何在立定跳远中更加省时省力。其中，教师可指导学生模仿各种小动物的弹跳方法，如青蛙、兔子、鸭子、猴子等动物生活规律，重点引导学生学习蛙跳及兔子跳的方式。原因是蛙跳可训练学生的起跳动作，而兔子跳可训练学生的弹跳能力。通过运用不同的游戏环节及游戏课程渗透立定跳远的方式，要求学生以小组的形式进行多人运动，能让学生在互相监督、互相督促的过程中进行统一化学习。这时，教师可说出不同动物的字谜，引导学生依据字谜内容感受不同动物的弹跳方式。组织学生在进行学习体验、互相协作的过程中进行体育挑战，如可比较哪一组学生跳得更远，能让学生在接触体育项目的过程中进行参与。在游戏设置中，教师可制定不同的兴趣游戏内容，如"跳河沟"，即在跑道上设置相应障碍，要求学生思考跳跃方法，能够让学生在自由活动、学习的过程中开发自身的潜力。总之，教师需设定与课程相关的练习内容，引导学生自主思考、自主探究，总结游戏方法及体育训练技巧，有利于让学生逐渐形成体育锻炼意识。

三、结语

综上所述，新时期小学体育教学创新中，教师需重视打造优质的课程内容，积极融入特色的体育元素及教学方式，有利于提高学生的学习积极性。另外，教师需重视课程资源的扩充，侧重在课堂中培养学生的身体机能，进而提高学生的综合素养。

参考文献

[1] 朱伟文. 创新小学体育教学方法提高体育课堂教学效率 [J]. 读天下（综合），2018（1）：249.

［2］张文才，何敏学.地方体育院校"一体四课堂"创新创业教育的实践与思考——以吉林体育学院为例［J］.职业技术教育，2019，040（026）：60-63.

［3］张维增.创新小学体育教学方法——提高体育课堂教学效率［J］.中华少年，2019（7）：147.

初中文言文教学中小组合作学习实践研究论文

海口市海景学校　李兰芳

　　文言文的学习难度很大。通过问卷调查了解文言文的现状，调查了初中三个年级共212名学生，其中七年级74名学生，八年级57名学生，九年级81名学生。从调查中就可以看出兴趣随着年级的增加，学习难度增加，因此学生的兴趣也不浓厚了。我们老师满堂灌也是一种无奈之举，学生自觉性不够，加上文言文难度较大等原因，迫不得已要手把手教学，这个方式无形中会让学生的学习兴趣降低，总是在被动地接受学习，没有自主学习的空间。

　　我们如何解放老师在文言文课堂上满堂灌"教"的尴尬和学生文言文课堂上"学"的枯燥无味？本文通过实践如何运用小组合作的方式学习文言文，解决这个"教"与"学"的尴尬。

一、如何建设合作学习小组

　　针对当前学情，一个班才30人左右，要充分发挥小组合作的效果，根据人数，我把一个班分了5组，每个组有6个人，按层级组成合作小组，每个组都分别有2个成绩好中差的学生，这样做的目的是课堂上能够按能力的高低，完成不同难度的题目，真正做到人人有事做。课堂学习落实到每个人身上，不会有人因为不懂或者跟他无关而分神，课堂气氛活跃，参与度高，学习兴趣自然会越来越浓厚。为了不给学生贴标签，把层次不同的学生分成稳（成绩好）、冲（成绩中等）、拼（成绩差），每个小组分别有2个稳、2个冲、2个拼，这样既有利于同层次同学在小组内就可以交流，也有利于成绩好的同学帮扶成绩差的同学，明确一个稳的同学分别帮扶组内一个冲和一个拼的同学。根据层次能力的不同，明确每个层次的学生课堂上做不同的事，稳的同学负责组织答案和点评，冲的同学负责展示，拼的同学负责板书抄写答案。每节课给定的小组任务就不参与个人评分，只有小组得分，为了刺激拼的同学能够积极展示，只要是拼的同学上讲台展示，一律加个人3分。课堂上回答问题的加分也根据层次的不同，分别加分，稳（1分）、冲（2分）、拼（3分）。

二、如何实施小组合作学习文言文教学

1. 课堂实施的环节

（1）导学案检查与批改。

导学案由自主学习和合作学习部分组成，自主学习的内容基本上都是作者简介、拼音、个别实词及句子翻译的考查，合作学习的内容包含整体感知和语言及人物的赏析，难度较大些。根据层次的不同，导学案完成的标准也不同。拼的同学只需要完成自主学习的题目和合作学习其中任意一道大题；冲的同学完成自主学习的题目和合作学习其中任意两道大题；稳的同学完成自主学习的题目和合作学习全部题目，这样分层次地完成导学案，能够体现作业的分层。作业难度较低，学生能真正根据自身能力完成相应作业，畏难心理会消失，提高学习兴趣。课前三分钟由两个稳的同学分别用红笔批改各自帮扶一冲一拼同学自主学习板块，最后由组长（稳）根据前面每个层次完成的标准统计未完成作业的名单，相应扣小组分数。

（2）以读扫清文言文生字障碍。

文言文教学必须要让学生充分朗读。如何利用小组合作方式，让每个同学积极主动参与朗读呢？首先，要求自读课文一遍，把不懂的字词圈画；其次，两个稳的同学分别负责教读帮扶的对象（冲和拼）。最后，同层次的同学对字互读文言文。

（3）翻译文言文。

课文的注释是中考考查的要点。如何在有限的课堂上让学生掌握文言文的

重点字词及翻译？首先课堂上让学生自背注释，一般是20个注释左右，给5-6分钟识记，然后有2分钟的时间组内对子互问注释，最后是通过小组间互考的方式，考查课堂识记的情况。先由老师点号数，点到的同学可以随便考任何一个同学三个注释，对方回答错一个注释，就把一分加给提问的小组。这个方式能很好地督促成绩较差的同学必须识记注释，因为被点名考查的概率很大，大家都想得分，就得从这些成绩差的同学入手。

翻译全文采取的方式是由学生讲解及提问。为何让学生来充当小老师的角色？在问卷调查涉及"文言文课堂上你的语文老师是如何教授文言文？"的问题，我们发现选择B以自学为主，教师点拨难点这选项的学生较少，可见文言文的学习，缺少学生自学为主体，传统课堂让学生在被动接受学习。所以有必要让学生成为课堂的主体，语文课程标准要求阅读浅易文言文，能借助注释和工具书理解基本内容，难度并不大，主要是靠学生自己识记重点字词，做好积累。教师只要点拨难点即可。

学生为主体的文言文翻译具体操作实践如下：首先，教师给出的PPT上有每一段的课文原文，需要翻译的重点字词标的是红色，需要翻译出的文言文现象（通假字、古今异义、词类活用、特殊句式等）标的是绿色。其次，教师依据该段的长度及难度给出几分钟的时间让学生准备，准备的内容包括翻译出不同颜色重点字词，然后是该段每句话的翻译，全程参与翻译的过程绝对不可以看课本或者参考书。最后，由教师随机指定哪个小组的同学负责这一段的翻译（没有提前安排组别，是为了让每个组的同学都能认真准备，抽到每个组的可能性是均等的）。抽到的小组，由稳的同学上讲台充当小老师，先起头让全班齐读课文，然后随机抽点个别同学起来翻译不同颜色字体，能翻译出来同学就给该小组加1分，翻译不出来时，其他同学可以抢答加分，最后由该讲解的小组轮流翻译句子，出现迟疑或者回答错误，其他同学都可以通过抢答加分，本来小组该得的5分就分给抢答的小组及补充的小组，最后算出还剩几分加入组内。这个过程就需要全体同学高度集中注意力，讲解的小组别让其他小组有机会抢答，别的小组仔细听讲，发现问题可以抢答补充加分。

（4）合作探究主题，突破重难点。

翻译完全文，可以设置一些合作探究的活动来巩固课文内容的学习，或者以问题的形式，突破重难点。比如学习《桃花源记》这篇文言文时，设置了桃花源访谈节目——"新闻会客厅"的活动，小组各派一名代表扮演主持人及几位村民（采取小组加分方式，学生积极性较高），通过采访，再现桃花源。接着以问题的形式突破重难点"桃花源到底存不存在？依据是什么"？突出主题是表现作者对理想的桃花源生活的向往和对现实动乱、黑暗生活的不满。

2. 学生层面

学生层面主要在于学习态度要端正。课堂上要有合作团队及竞争的意识。要明确自己的任务，做到积极参与课堂。小组在完成任务的过程中要全心全意帮扶层级低的同学，做到合作共赢。组内互帮互助，组外相互竞争，逼迫自己主动去学习。这种良性的竞争，会刺激学生的主动学习的兴趣，营造探究学术良好的氛围。

3. 教师层面

教师要了解学生的学习文言文过程中哪些是难点，针对难点进行突破，而不是完全把课堂还给学生，按流程走完整节课就可以了。就像陶行知先生说的那样，导师必须加入小先生队伍里一起去干，才有成功的希望。倘若导师自己目光不远，懒惰不长进，平日让小先生自生自灭，等到打了败仗，还说漂亮话，这种人才是普及教育之罪人。学生在学习文言文过程中的难点在哪里？根据调查问卷统计的数据来看，难度较大的方面三个年级都一致认为在翻译课文、篇章分析，这就需要我们老师真正落实翻译，课堂上要教会学生哪些字词句是翻译的得分点。初二学生却认为难度较大的是了解创作背景、多记忆背诵，针对这种情况，课堂上可以通过小组内同层次的两个同学互背互考注释，当堂记忆积累文言实词。背诵课文，可以采取背诵给小组长的方式，教师在上课之前再采取抽查的方式，能够当堂背诵出来，加个人等级分（稳：1分、冲：2分、拼：3分），背诵不出来扣小组分，通过扣小组分来对不积极背诵的同学施加压力。

三、实施小组合作学习文言文达到的效果

根据层次的不同，导学案完成的标准也不同。这样分层次地完成导学案，能够体现作业的分层，学生能真正根据自身能力完成相应作业。根据前面每个人完成的标准统计未完成作业的名单，组内多少个同学未完成作业，就相应扣小组多少分，用小组的扣分去促使经常不完成作业的同学主动完成作业。课堂学习分工明确，组内互帮互助，组外相互竞争，争取加分，赢过其他小组。真正体现合作与竞争相结合。在高效课堂上，自学、展示、反馈构成了一个以学习小组为学习单元的学生自动自发、自主自愿的学习运行系统。

参考文献

［1］中华人民共和国教育部.义务教育语文课程标准（2011年版）［S］.北京：北京师范大学出版社，2012.

［2］张海晨、李炳亭.高效课堂导学案设计［M］.济南：山东文艺出版社，2010.

［3］胡晓风，金成林，张行可，吴琴南，等编.陶行知教育文集［M］.成都：四川教育出版社，2007.

人民教育部编版初中语文八年级

谈谈开展"活动·探究——如何撰写演讲稿"的线上教学研究

海口市海景学校　李兰芳

一、开展线上教学遇到的问题

其一，疫情影响。2020年的春节，与以往不一样：没有了走亲访友、没有了老街灯会，没有了心仪已久的旅游——"宅"在家里是2020年春节的"新风尚"，奉行"待在家里，就是在为国家做贡献"！这场无硝烟的战争持续到了原计划的开学，国家提出线上教学，至此，各个地方、各个学校的老师和学生迎来新的挑战和机遇，如何有效运用多媒体进行教学？网络资源是丰富的，如何收集整理，如何在线上完成既定的教学任务，是非常有难度的。

其二，教学媒体。学生线上教学需要掌握运用多媒体网络收集信息，学生平时运用多媒体收集信息的渠道较狭窄。引导学生通过网络平台比如百度及360浏览器进行课前资料收集，课中将整合的资料利用QQ群展示交流，这是学生通过平台自建自创本课学习的资源。教师直播腾讯课堂，用PPT进行讲解。

其三，通信合作。线上合作交流需要解决信息化软件和硬件相结合。首先为了充分发挥小组合作的效果，根据人数30人，把一个班分为5组，每个组有6个人，按层级组成合作小组，每个组都分别有2个成绩好中差的学生，代号分别是稳冲拼，这样真正做到依据难度每个人有事做，课堂学习落实到每个人身上。通信合作的开展，必须信息化硬件和软件应用相结合，信息化硬件配备：笔记本电脑及手机（教师）；手机（学生）。信息化软件应用：练习平台（智学网）、直播平台（腾讯课堂）、课堂教学软件QQ。

二、如何开展线上教学?

本课选自《义务教科书语文八年级下册》人民教育出版社第四单元"活动·探究"。本单元内容结合四篇演讲稿中演讲词的特点，进一步加深学生对演讲稿的认识，学会写演讲稿及如何演讲。能够将所学知识运用到学习生活和以后需要演讲的岗位中。

根据学情把握开展线上教学的重难点及开展的具体步骤。该班大部分学生学习积极性较高，但是在实际交流这一块还是比较生疏及缺乏自信。演讲这一块只有班上几个同学之前接触过学校的演讲，其他学生对演讲这一块还是比较陌生的。每个学生都已经明确自己的代号及任务，成绩好的稳（整合答案）、成绩中等的冲（展示讲解）、成绩较差的拼（资料收集）。通过上一节课的学习，学生已经了解演讲词的基本特点，对撰写演讲稿要掌握哪些要点，提供了一个方向。为本节课的学习做好了铺垫。

1. 课前准备

【课前小组任务一】看范例，收集信息。

教师活动：通过QQ平台推送如何收集信息范例。比如，收集方式：运用百度、谷歌等浏览器收集信息或者查资料。收集演讲意义及演讲词的特点、如何写演讲稿、如何进行演讲。

学生活动：学生观看如何收集信息及收集有关演讲哪些方面的信息。

（布置任务之前给出范例，明确方向，知道收集演讲哪些方面的信息。所以范例及范围的圈定，提高了搜索信息的有效性。）

【课前小组任务二】资料采集与整理。

教师活动：在智学网平台上发布小任务：

第一组和第六组任务：收集演讲有何意义及特点。

第二组和第五组任务：收集如何写演讲稿？（格式及要点）

第三组和第四组任务：收集一些比较成功的演讲视频。

学生活动：成绩差的同学（拼）通过互联网查找、书籍等方式收集有关演讲的资料并发给稳的同学进行整理归纳，稳的同学上传收集的资料到智学网上。

（让学生明确任务，激发学生的小组合作与探究的主动性。学生通过互联网查找与整理出有价值信息的过程中，能提高学生的检索信息能力。具体根据线上互联网查找资料→线下查资料→线上提交学习结果→线上小组互相交流的教学手段展开。）

2. 课堂教学（教师直播腾讯课堂）

（1）导入。（3分钟）

教师活动：提问："美国中学生流行的口号：未来的美国，让不会演讲的人走开！我们生活中哪些地方运用到演讲？"（图片展示演讲的无处不在）

学生活动：学生认真观看图片，并思考问题。

（通过图片导入，初步感受演讲的无处不在，能够激发学习兴趣。）

（2）呈现目标。（1分钟）

教师活动：展示解读学习目标。

学生活动：了解本课的学习目标。

① 了解写作演讲稿常见技法并撰写演讲稿。

② 进行演讲实践，提高在公开场合的表达能力。

③ 通过演讲激发学生奋斗的人生目标。

（呈现学习目标并解读，让学生明确本课学习目标，把握课堂学习的重点。）

（3）检查课前收集的信息。（3分钟）

教师活动：智学网检查每组稳的同学是否上传收集的资料到智学网上，教师逐个进行点评。

学生活动：观看每个组收集整理有关的演讲的资料。

（布置任务，必须进行检查反馈，学生才能认真对待。）

（4）分组展示：各组展示资料收集情况。（3分钟）

教师活动：检查各组有没有上传音频（讲解任务）。

学生活动：各组冲的同学运用录音工具简要汇报本组课前收集资料情况。

（分组展示，学生参与度高，锻炼听说及组织语言的能力。）

（5）总结演讲稿的格式及特点。（3分钟）

教师活动：教师PPT呈现知识点。

学生活动：将总结演讲稿的知识点，熟练运用于演讲稿中。

（教师借用直播课堂，通过PPT讲解总结演讲稿特点，让学生明确演讲稿的格式，把握课堂学习的重点所在。）

（6）观看演讲视频。（12分钟）

教师活动：教师播放陈铭《疫情面前这就是中国力量》演讲。

学生活动：学生认真观看视频，感受演讲的魅力并进行模仿。

（通过观看视频过程中，学生能情景式地直观把握演讲整个流程。）

（7）当堂写演讲稿。（10分钟）

教学活动：布置演讲稿内容：请同学们当堂写一篇题目为"我有一个梦想"的演讲稿。

学生活动：学生手写演讲稿，拍照上传作业。

（通过当堂写演讲稿，达到练习巩固的目的。）

（8）修改演讲稿。（5分钟）

教学活动：教师根据学生当堂写的演讲稿，进行评价。

学生活动：学生认真聆听并做好记录。

（根据学生拍照及上传QQ群PPT，教师利用腾讯课堂直播修改学生的演讲稿，让学生明确自己演讲稿存在哪些问题并修改。）

（9）课堂小结。（2分钟）

教学活动：小结本课所学，明确如何写演讲稿。

学生活动：学生认真聆听。

（课堂小结有利于学生再次巩固演讲稿的特点及如何写演讲稿，由此掌握有关演讲的内容。）

3. 课后拓展

录"我有一个梦想"演讲视频。（3分钟）

教师活动：布置任务：录"我有一个梦想"演讲视频，私发给老师或者发

QQ群。

学生活动：利用手机自带的录视频功能，录演讲视频。

（学生通过手机录视频并私发或发QQ群。教师可以带领学生观看学生自己录制的视频，这样可以直观地看到学生演讲过程中存在什么问题并可以反复回播进行指导，效果会更加明显。）

三、教学反思

线上教学需要利用网络完成既定的教学目标。本课教学目标清晰，从演讲稿的特点到如何写演讲稿，设计合理，容量适中。在教学实施过程中，以学生为中心，通过布置收集有关演讲的内容，包括演讲特点及演讲稿格式，有利于锻炼学生应用多媒体收集并整理信息的能力。通过播放陈铭《疫情面前这就是中国力量》演讲，真实感受演讲的感染力，激发学生的民族自豪感，而且能够让学生直观地感受到应如何演讲。教学中使用QQ群班级平台、微课视频、视频资料、录视频软件等信息化教学手段，明确演讲的重要性，鼓励学生大胆进行演讲实践，从身边的家人开始，迈出第一步，录制学生对家人演讲的视频，如果时间允许就可播放视频自评和互评。可回放订正存在的问题。学会演讲之后能够应用到个人校园学习与未来岗位工作中，提升教学的实效性。

参考文献

[1]张涛.浅谈演讲稿的写作技巧 [J].淮南职业技术学院学报，2004（02）.

[2]周文建.怎样写演讲稿 [J].新闻与写作，2001（04）.

[3]齐跃.演讲稿的构架及要点浅析 [J].文学界（理论版），2011（01）.

"活动·探究——如何撰写演讲稿"教学设计

海口市海景学校　李兰芳

一、课题

《活动·探究——如何撰写演讲稿》。

二、课程名称

义务教科书语文八年级下册。

三、授课课型

新授课（演讲稿和演讲）。

四、教材

《义务教科书语文八年级下册》人民教育出版社。

五、授课地点

线上教学。

六、授课对象

八年级学生。

七、授课学时

1课时。

八、教学环境及条件

教学环境为线上教学。

小组人员分配：为了充分发挥小组合作的效果，把一个班30人分了5组，每个组有6个人，按层级组成合作小组，每个组都分别有2个成绩好中差的学生，代号分别是稳冲拼，这样真正做到依据难度每个人有事做，课堂学习落实到每个人身上。

信息化硬件配备：笔记本电脑及手机（教师）；手机（学生）。

信息化软件应用：练习平台（智学网）、直播平台（腾讯课堂）、课堂教学软件QQ。

九、内容分析

本课选自《义务教科书语文八年级下册》人民教育出版社第四单元"活动·探究"。本单元内容结合四篇演讲稿中演讲词的特点，进一步加深学生对演讲稿的认识，学会写演讲稿及如何演讲。能够将所学知识运用到学习生活和以后需要演讲的岗位中。

十、学情分析

基本情况：该班为八年级学生，大部分学生学习积极性较高，但是在实际交流这一块还比较生疏及缺乏自信。演讲这一块只有班上几个同学之前接触过学校的演讲，其他学生对演讲这一块还是比较陌生的。每个学生都已经明确自己的代号及任务，成绩好的稳（整合答案）、成绩中等的冲（展示讲解）、成绩较差的拼（资料收集）。

知识基础：通过上一节课的学习，学生已经了解演讲词的基本特点，对撰写演讲稿要掌握哪些要点，提供了一个方向。为本节课的学习做好了铺垫。

十一、教学目标

1. 认知目标

了解写作演讲稿常见技法并撰写演讲稿。

2. 能力目标

进行演讲实践，提高在公开场合的表达能力。

3. 情感目标

通过演讲激发学生奋斗的人生目标。

十二、教学重点

（1）了解写作演讲稿常见技法并撰写演讲稿。

（2）学会公共场合演讲。

十三、教学难点

进行演讲实践，提高在公开场合的表达能力。

十四、教法

1. 启发式教学

课前：让学生收集有关演讲的资料及视频，培养学生的收集整合信息的能力。

课中：通过分享所收集的资料视频，总结演讲方法和技巧。

课后：让学生能学以致用，给家人演讲。

2. 图片视频教学法

课前：老师通过一些图片（中国申奥、中国加入WTO、中国对外谈判、国家领导人出访发言等），让学生了解到演讲的重要性，提升学生的学习兴趣与热情。

课中：通过教师在课堂上播放陈铭《疫情面前这就是中国力量》演讲，直观感受到演讲的感染力，激发民族自豪感，并进行模仿。

十五、学法

1. 小组合作探究法

课前：以小组为单位，成绩差的同学（拼）收集有关演讲的资料并发给成绩好的（稳）同学进行整理归纳。

课中：由成绩中等的同学（冲）通过QQ群语音向全班展示汇报资料，然后在线QQ群上互相交流，总结出适合的演讲方法及技巧。

2. 体验法

课前：通过收集有关演讲的资料和视频，加强学生课前对演讲的了解与感知，通过先学、先感知的课前学习，提升学习效果。

课中：通过观看视频和教师讲解总结，感受演讲的魅力，当堂写"我有一个梦想"的演讲稿，并上传到QQ群。

课后：通过手机自带的录像功能，录制自己向家人演讲的片段，真实感受自己演讲的水平，熟练掌握演讲技巧。

十六、教学资源

1. 教学平台提供师生自建教学资源

学生通过网络平台比如百度及360浏览器进行课前资料收集，课中将整合的资料利用QQ群展示交流，这是学生通过平台自建自创本课学习的资源。教师直播腾讯课堂，用PPT进行讲解。

2. 视频

通过视频播放，让学生更近距离感受演讲的震撼力及感染力，激发民族自豪感，比学习理论知识更有效果。

3. 智学网及手机自带录视频功能

使用智学网功能，学生可以在平台上学习并上传自己收集的资料及有关演讲稿的内容，成为课堂中最棒的资源。手机自带录视频功能可实现现场录制学生对家人演讲的视频"我有一个梦想"，私发给老师或者上传到QQ群，可重复回放，纠正存在的问题。利用这些教学资源可完成学生的自评和互评。

十七、教学重点解决策略

课前：以小组为单位，成绩差的同学（拼）收集有关演讲的资料并发给稳的同学进行整理归纳上传智学网。

课中：由冲的同学通过QQ群语音向全班展示汇报收集整理的资料。教师讲解点拨后，当堂练习写一篇"我有一个梦想"的演讲稿发送给老师或者上传智学网。

课后：用手机自带录视频功能现场录制学生对家人演讲的视频"我有一个梦想"，提高在公开场合的表达能力。

十八、教学难点解决策略

通过学生完成演讲稿的情况，教师总结存在的问题，鼓励学生大胆进行演讲实践，从身边的家人开始，迈出第一步，录制学生对家人演讲的视频，如果时间允许就可播放视频自评和互评。

十九、教学活动

课前：

教师鼓励学生在课前完成任务，提前发的一些重要活动成功演讲的照片，让学生明确收集资料的方向。通过成绩差的同学（拼）收集有关演讲的资料并发给稳的同学进行整理归纳，加强学生课前对演讲的了解与感知。

课中：

（1）导入：（图片展示演讲图片）美国中学生流行的口号：未来的美国，让不会演讲的人走开！

（2）分组展示与演讲稿练习：展示学生课前在平台上完成的作业，由冲的同学通过QQ群语音向全班展示汇报收集整理的资料，依据各组讲解内容教师分别进行知识点补充及点拨后，当堂练习写一篇"我有一个梦想"的演讲稿私发给教师或者上传到智学网。

（3）课堂小结：教师小结演讲稿格式及技巧，引导逐条运用，讲练相结合。

课后：

（1）通过手机自带的录像功能，录制自己向家人演讲的片段"我有一个梦想"，真实感受自己演讲的水平。

（2）播放视频自评和互评中提高自己演讲的能力。

二十、课前准备

（一）任务流程

1.【课前小组任务一】看范例，收集信息

教师活动：通过QQ平台推送如何收集信息范例。比如收集方式：运用百度、谷歌等浏览器收集信息或者查资料。收集演讲意义及演讲词的特点、如何写演讲稿、如何进行演讲。

学生活动：学生观看如何收集信息及收集哪些方面的信息。

设计意图：范例，明确方向，知道收集演讲哪些方面的信息。

教学手段：范例及范围的圈定，提高搜索信息的有效性。

2.【课前小组任务二】资料采集与整理

教师活动：

在智学网平台上发布小任务：

第一组和第六组学生学习任务：收集演讲有何意义及特点。

第二组和第五组任务：收集如何写演讲稿？（格式及要点）

第三组和第四组任务：收集一些比较成功的演讲视频。

学生活动：成绩差的同学（拼）通过互联网查找、书籍等方式收集有关演讲的资料并发给稳的同学进行整理归纳，稳的同学上传收集的资料到智学网上。

设计意图：①通过互联网查找与整理出有价值的信息，提高学生的检索信息能力。②明确任务，激发学生的小组合作与探究的主动性。

教学手段：线上互联网查找资料→线下查资料→线上提交学习结果→线上小组互相交流。

二十一、课堂教学

1. 新课导入（3分钟）

教师活动：提问："美国中学生流行的口号：未来的美国，让不会演讲的人走开！我们生活中哪些地方运用到演讲？"（图片展示演讲的无处不在）

学生活动：学生认真观看图片，并思考问题。

设计意图：初步感受演讲的无处不在，激发学习兴趣。

教学手段：PPT、图片。

2. 呈现目标（1分钟）

教师活动：展示学习目标。

学生活动：

了解本课的学习目标：

（1）了解写作演讲稿常见技法并撰写演讲稿。

（2）进行演讲实践，提高在公开场合的表达能力。

（3）通过演讲激发学生奋斗的人生目标。

设计意图：让学生明确本课学习目标，把握课堂学习的重点。

教学手段：PPT。

3. 检查课前收集的信息（3分钟）

教师活动：智学网检查每组稳的同学是否上传收集的资料到智学网上，教师逐个儿点评。

学生活动：观看每个组收集整理有关的演讲的资料。

设计意图：布置任务，必须进行检查反馈，学生才能认真对待。

教学手段：讲解点评法。

4. 分组展示：各组展示资料收集情况（3分钟）

教师活动：检查各组有没有上传音频（讲解任务）。

学生活动：各组冲的同学运用录音工具简要汇报本组课前收集资料情况。

设计意图：分组展示，学生参与度高，锻炼听说能力。

教学手段：QQ群。

5. 总结演讲稿的格式及特点（3分钟）

教师活动：教师PPT呈现知识点。

学生活动：将总结演讲稿的知识点，熟练运用于演讲稿中。

设计意图：让学生明确演讲稿的格式，把握课堂学习的重点所在。

教学手段：智学网、PPT。

6. 观看演讲视频（12分钟）

教师活动：教师播放陈铭《疫情面前这就是中国力量》演讲。

学生活动：学生认真观看视频，感受演讲的魅力并进行模仿。

设计意图：通过观看视频过程中，直观把握演讲整个流程。

教学手段：视频。

7. 当堂写演讲稿（10分钟）

教师活动：布置演讲稿内容：请同学们当堂写一篇题目为"我有一个梦想"的演讲稿。

学生活动：学生手写演讲稿，拍照上传作业。

设计意图：通过当堂拍照及上传演讲稿，达到练习巩固的目的。

教学手段：拍照及上传QQ群。

8. 修改演讲稿（5分钟）

教师活动：教师根据学生当堂写的演讲稿，进行评价。

学生活动：学生认真聆听并做好记录。

设计意图：通过修改学生的演讲稿，让学生明确自己演讲稿存在哪些问题并修改。

教学手段：PPT、腾讯课堂。

9. 课堂小结（2分钟）

教师活动：小结本课所学，明确如何写演讲稿。

学生活动：学生认真聆听。

设计意图：通过学习演讲稿的特点及如何写演讲稿，掌握有关演讲的内容。

教学手段：腾讯课堂、PPT。

二十二、课后拓展

1. **任务**：录"我有一个梦想"演讲视频（3分钟）

教师活动：布置任务：录"我有一个梦想"演讲视频，并私发给老师或者发QQ群。

学生活动：利用手机自带的录视频功能，录演讲视频。

设计意图：视频可以直观地看到学生演讲过程中存在什么问题并可以反复回播进行指导。

教学手段：手机录视频并私发或发QQ群。

2. **教学反思**

本课教学目标清晰，从演讲稿的特点到如何写演讲稿，设计合理，容量适中。在教学实施过程中，以学生为中心，通过布置收集有关演讲的内容，包括演讲特点及演讲稿格式，有利于锻炼学生应用多媒体收集并整理信息的能力。通过播放陈铭《疫情面前这就是中国力量》演讲，真实感受演讲的感染力，激发学生的民族自豪感，而且能够直观地让学生清楚知道如何演讲。教学中使用QQ群班级平台、微课视频、视频资料、录视频软件等信息化教学手段，明确演讲的重要性，进行模拟演讲，录下演讲的视频，可回放订正存在的问题。学会演讲之后能够应用到个人校园学习与未来岗位工作中，提升教学的实效性。

关于如何选取物理课堂被提问对象的
思考与尝试

——以《探究杠杆平衡条件》为例

海口市海景学校　李子莹

《全日制义务教育物理课程标准》指出，新课程倡导"物理课程要面向全体学生，适应学生个性发展的需要"，提问作为课堂教学中的一种教学技能，有反馈、评价、激励、强化、调控等多种功能，有效的提问对象选择有利于推动初中物理教师教学方式和学生学习方式的转变，对发展学生综合运用物理知识去分析以及解决实际问题的能力有很大的帮助。

在初中课堂教学实践活动中，多数教师在提问对象的选择上缺乏研究和思考：为了快速获取比较完整的答案集中提问优等生；提问中等生作为参照系进行教学；借课堂提问批评挖苦后进生维持课堂纪律，致使课堂提问既无法突出重点、有的放矢，也难以发现教学中存在的问题。有效的提问对象选择可以让初中物理教师正确地认识到提问对象设计的重要性以及理解提问对象有效问题的必要性。

一、课堂被提问对象的选取影响教师对课堂教学效果的评价

教育心理学认为："思维总是从问题开始的。"有效的课堂提问不仅可以开启心智、促进思维，更能激发兴趣，增强信心，体现教育的公平性。课堂提

问中的问题设计一直以来备受关注，然而对被提问对象的选取重视度不够，不同的教师对同一个班级课堂提问对象的选择不同，会直接导致教师对课堂教学效果的评价。如果课堂被提问对象的选取具有片面性，那么根据部分学生答题情况估计学生整体学习情况就不够客观了。在课堂提问中，被提问对象的选取对提问效果有怎样的影响呢？带着这个问题，我决定以一个观察员的身份走进课堂。

二、教师对课堂被提问对象的选取存在随意性

在观课中，我重点记录被提问对象的位置。以下两张表是我进行大量观课后，提取的比较有代表性的物理课堂被提问对象的位置记录表。其中"B"表示男生，"G"表示女生，"板"表示板演。

表1 初中物理课堂被提问对象位置观察一

讲台								
1列	2列	3列	4列	5列	6列	7列	8列	9列
B		G板		G板2				
		B				G板	B板	B板
G2				G3	G	B		
	B2	G						
		G						

分析：该班男生26人，女生28人，被提问对象男生7人，女生8人。其中有两位女生被提问2次，一位男生被提问3次，被提问对象主要集中在前3列。

表2　初中物理课堂被提问对象位置观察二

讲台								
1列	2列	3列	4列	5列	6列	7列	8列	9列
			B					
			G		B	B		
			G		B			
			B		G	B		
			G		B	G		
						B		

分析：该班男生32人，女生22人。被提问对象男生8人，女生5人。被提问对象集中在靠过道的第4、6、7列，其中第6列是老师以"开火车"的方式进行提问的。

三、课堂被提问对象的选取对课堂教学效果的影响

由表1和表2我们不难发现这两节课的教师对课堂被提问对象的选取都具有随意性。这种随意性会不会影响课堂教学效果呢？为此，我在课后对授课教师和课堂中几位学生进行了访谈。

1.对数学教师的访谈记录

问：您为什么会选择用"开火车"的方式进行提问呢？

答：方便，每列都有机会，也就是每位学生都有被提问到的机会。

问：您为什么喜欢提问靠过道的学生呢？

答：可能是方便吧。如果是板演，中间的学生走出来不方便。

问：您注意到您在一节课对同一个学生提问了两到三次吗？

答：他们比较积极呀，别的学生不举手呀。

问：您在课前有没有预先设计好问题以及想要提问的学生？

答：问题是设计好的。没有计划哪个问题一定要哪个学生来回答。

2. 对学生的访谈记录

问：当你们发现老师提问学生的位置有规律后，你们听课的积极性有没有受影响？

答：坐在经常被叫到的区域就会紧张些，如果坐在安全区，就没那么紧张。

问：你觉得开火车的提问方式好不好？

答1：好呀。大家都有答题机会，特别是对于平时不敢举手的同学。

答2：不好。如果问到我这组，我就会计算轮到我是哪一题，就没心听前面同学的发言了。

答3：知道自己要回答哪道题，会赶紧问旁边同学，所以准确率就会高。

问：如果你前后左右的同学被提问，你会不会感到紧张？

答1：会呀。因为他（她）要是答不上来，老师一般都是请"邻居"帮忙的。

答2：我觉得无所谓。

心理学家赫洛克曾做过一个实验，他把被试者分成四个组，在四种不同诱因下完成任务。第一组为表扬组，每次工作后予以表扬和鼓励；第二组为受训组，每次工作后严加训斥；第三组为被忽视组，不予评价只让其静听其他两组受表扬和挨批评；第四组为控制组，让他们与前三组隔离，不予任何评价。结果工作成绩是前三组均优于控制组，受表扬组和受训斥组明显优于忽视组，而受表扬组的成绩不断上升。

这让我联想到我们的课堂提问，如果教师对课堂被提问对象的选取是无意识的，那么实质上教师就是无意识地将学生分成了四组：经常被提问且获得表扬的相当于表扬组，经常被提问，但回答不出的相当于受训组，很少或者从来没有被提问过的相当于被忽视组，而另有一组就是经常开小差，心不在焉的又没有得到及时的提醒和关注的相当于控制组。

如何通过课前的预设和课上的调控，让更多的学生感受到被关注呢？为此，我在自己的课堂做了以下尝试。

四、科学选取课堂被提问对象，在课堂提问中体现教育公平性

1. 制作一张具有数学思维标志的座位表，关注每一位学生

表3是我所任教班级的座位表。男生21人，女生21人。我将学生的思维特点分为强中弱三个层次，分组合作学习，以下为小组合作的座位表（如表3）。

表3　小组合作座位表

讲台								
第7组				第3组			第1组	
B弱	课桌	G弱		B弱	课桌	B弱	G弱	课桌	G弱
G中		G中		B中		G中	B中		G中
B强		G强		G强		G强	B强		B强
第6组				第4组			第1组	
G弱	课桌	B弱		G弱	课桌	B弱	G弱	课桌	B弱
G中		B中		B中		B中	B中		G中
B强		G强		G强		G强	G强		B强
				第5组				
				G弱	课桌	G弱		
				B中		B中		
				G强		B强		

2. 通过预设不同层次的问题，实现让人人都获得良好的物理教育

在讲授《科学探究：杠杆的平衡条件》之前，我设计了8个问题和2次板演，并制订了具体的提问计划。[（n，左，强）表示坐在n组左边，物理思维比较强的学生]

（1）大象所受的重力大约是多少？计划提问（5，左，弱）。

（2）能用弹簧测力计测出大象的重力吗？计划提问。（6，右，弱）。

（3）物理老师利用什么知识来称大象的重力？计划提问（2，左，弱）。

（4）与杠杆有关的五个名词：支点、动力、阻力、动力臂和阻力臂。计划

提问（4，左，中），（6，左，中）补充，此处可据情况增加答题人次。

（5）如何调节杠杆在水平位置平衡？计划提问（7，右，中），（3，左，中），（2，左，弱）补充，此处可据情况增加答题人次。

（6）为什么要使杠杆在水平位置平衡？计划提问（1，左，中），（4，右，强）补充，此处可据情况增加答题人次。

（7）实验过程中如何改变力和力臂？计划提问（6，右，中），（2，左，强）补充，此处可据情况增加答题人次。

（8）实验过程中能否调节平衡螺母？实验中杠杆不平衡要怎么操作？计划提问（5，右，中），（7，左，强）补充，此处可据情况增加答题人次。

第一次板演：回顾数学点到直线的距离画法，将这一知识迁移到物理力臂上，请学生上台展示他的力臂画法，计划提问（5，左，强）、（1，右，强）。

第二次板演：选取引入部分"弹簧测力计称重大象"设计计算题。计划提问（4，右，中）、（3，右，强）。

3. 通过有计划选取被提问对象，实现让不同的人得到不同的发展

在实际操作中我发现，对物理思维较弱的学生的提问是可控的，而面向物理思维中等或者较强学生的提问，学生的七嘴八舌常常打断我的计划。一节课下来，计划提问的17人全部落实，6强7中4弱，8男9女，实际上还有4~5人主动发言，主要是思维比较活跃的男生。故本节课学生答问参与率约35%，若每节课都能够有计划地提问，按此比例，对于一个50人的班级，多数学生两天就可以被关注一次。这样就能够使每位学生都拥有身在"表扬组"的感觉。

课堂提问中的每一个细节都可能成为影响提问效果的重要因素。对不同层次的学生提出不同难度的问题，才能充分发挥问题启迪思维的功效。科学的课堂被提问对象的选择应该顾及：前后左右中五个方位、男生女生两种性别、物理思维强中弱三个层次。让每个学生都有均等被提问到的机会，这样才能够扩大课堂提问的覆盖面，促进个体的思维发展，调动整体的学习气氛，也才能真正通过课堂提问关注学情，实现教育的公平性，进而实现：人人都能获得良好的数学教育，不同的人在数学上得到不同的发展。

参考文献

[1] 樊雅平,黄生学.初中物理课堂提问存在的问题及对策 [J].教学与管理,2010(9):129-130.

[2] 祖拥军.浅析初中物理课堂提问有效性及对策分析 [J].亚太教育,2015(30):52-52.

[3] 徐群茂.初中物理课堂提问策略研究 [J].中学物理教学参考,2015(16).

[4] 蔡春雷.物理课堂问题设计的优化策略 [J].新课程(中),2015,(7):114.

[5] [美] 加里·D.鲍里奇著.有效教学方法 [M].易东平,译.南京:江苏教育出版社,2002.

[6] [美] Thomas L. Good, E. BroPhy.透视课堂 [M].北京:中国轻工业出版社,2002.

[7] 李如密.课堂提问艺术探微 [J].教学艺术与管理,1996:6.

[8] [美] Jackie Acree Walsh, Beth Dankert Sattes.优质提问教学法——让每个学生都参与其中 [M].刘彦,译.北京:中国轻工业出版社,2009.

[9] [美] 丹东尼奥,贝恩赫兹.课堂提问的艺术——发展教师的有效提问技能 [M].宋玲,译.北京:中国轻工业出版社,2006.

[10] 刘世勋.影响中学生课堂答问因素初探 [J].安徽教育学院学报(社会科学版),1998(1).

[11] 胡小勇,祝智庭.教学问题设计研究:有效性与支架 [J].中国电化教育,2005(10):49-53.

[12] 陈建华.中学物理教学中的课堂提问研究 [J].学科教与学,2007(4):86.

[13] 鲁献蓉.对新的课程改革背景下课堂提问技能的思考 [J].课程·教材·教法,2002(10):27.

试论在小学音乐教育中如何开展合唱教学

海口市海景学校 梁淑君

在合唱教学过程中，教师应该要注重培养学生的合唱能力，这是音乐教学中最重要的内容之一。很多教师音乐教学的过程中对于如何进行合唱教学的技巧了解较少，需要进一步提升。在我国小学音乐教学环节中，积极开展合唱教学不仅仅对于音乐发展有重要意义，同时加强中国合唱音乐的音乐教学，有利于提升学生对待合唱方式的特殊情感。本文分析在合唱教学中遇到的问题及改进措施，并阐述合唱教学的作用，从而完善个人的相关理论知识，为今后教学中优化合唱教学方法，提高学生演唱技能提供理论参考。

一、小学合唱教学常见的问题

1. 声音位置不统一

在对学生进行了解的过程中，当学生被问到"在合唱训练中遇到的问题"时，学生表示他们由于缺乏音乐合唱基础，学生不知道如何掌控声音位置，导致位置出现不统一的情况，比如说发声过程中咬字不清晰，音调偏移等。比如小学生开展合唱《我和我的祖国》歌曲中，教师首先对歌曲进行了介绍并按照正规要求对学生进行了演唱表演，哪里是高音，哪里需要强调咬字情况，然而在具体学生在演唱女高和女低片段时，咬字"一刻"应该是重音，强调的是对于祖国的特殊感情，但是在实际练习中经常会出现咬字，音调把握不好的情况。

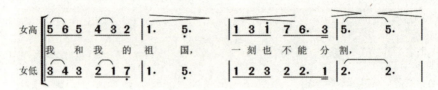

图1 《我和我的祖国》简谱节选

2.音色黯淡缺乏色彩

部分学生表示，他们在音色方面遇到的典型问题是音色暗淡缺乏色彩。通过对教师进行访谈、研究发现，很多教师反馈学生在音色的掌握上大多是因为音乐功底的原因。由于学生音乐合唱的嗓音及合唱水平参差不齐，导致了学生在音色上没有统一性和协调性，音色就无法生动起来。通过原因分析中可以发现，导致学生产生这类问题的主要原因在于学生在训练和学习过程中声调不统一所导致的，比如说在合唱曲目《我和我的祖国》训练中，由于声音音调参差不齐，有的学生唱得比较高，有的学生起音比较低，这样就不能达到声音统一，声音就会黯淡。

3.节奏节拍把握不准

另外，结合对学生的调查以及自身的实践经历可以了解到，学生在合唱音乐学习中还存在节奏节拍把握不准的问题。节拍把握不准原因，一是对歌曲不熟，二是不了解强弱关系，三是对音值划分比较模糊。

比如说在《少年少年祖国的春天》这种节奏含大切分，后十六节奏型的歌曲合唱曲目中，需要教师不断地击打节拍才能完成学习，学生一开始都没有接触过这类合唱曲目，但是在教学的过程中发现，基础比较好的学生学习进度很快，同时他们对于音色、音准的把握度比较好。而那些基础比较弱的学生就总找不到合唱学习的感觉，经常不是慢半拍就是快半拍，很难达到合唱中的速度一致，导致了合唱曲目练习和表演中无法达到精准练习的目的。

二、小学合唱教学的有效措施

1. 通过趣味教学激发学生的学习兴趣

（1）利用游戏引趣。

在合唱教学的过程中，通过引导学生参与节奏演唱，培养自己对于节奏的真实认识。进行音乐节奏练习时，可以引入音乐、舞蹈、语言、动作等多种方式相结合的教学游戏，在合唱音乐中通过游戏来指导学生进行学习，学生可以通过演唱、舞蹈游戏等形式，将游戏和演唱深入结合，既提高了学唱歌曲的兴趣，同时也达到了教学的效果。学生通过在玩中学，学中玩，将演唱的技巧转化为游戏活动，大大提高了演唱的学习效果。另外，音乐演唱学习过程中是有一定难度的，很多小学生并不能掌握良好的合唱技术，所以，此时教师要多加鼓励，同时选择符合小学生智力发展情况相匹配的合唱曲目，让他们能够在学习中克服困难，并愿意投入到音乐的演奏与创作中。

比如说在合唱练习"看符号标记玩藏歌词游戏"中，教师首先展示演唱的游戏内容，并在某些难点上面做上标记，教师参与到孩子们的藏歌词游戏当中，孩子们为了更好地演唱出效果，通过符号表示出"啦""呀""叮"等象声词，这样巧妙地避免了难度比较大的歌词，既降低了合唱歌曲的难度，同时也让歌曲变得更加生动有趣。

"叮"（用简单符号表示）：蓝天高高，白云飘飘，太阳公公在微笑。

"啦"（同上）：树上小鸟，吱吱在叫，河里鲤鱼尾巴游。

"沙"（同上）：花儿点头，草儿弯腰，欢迎小朋友们到。

"呀"（同上）：我们大家多么快乐，又唱歌来又舞蹈。

从上面的符号表达歌词的过程中，歌曲旋律通过象声词进行表达，孩子们一边学习一边玩，就好像歌曲中捉迷藏一样的快乐，而从专业的角度看，这一个游戏环节其实也是为合唱中的第二声部的练习做准备，第二声部的演唱内容就藏在这次演唱的活动中了。

（2）采用律动激励趣味。

很多学生在演唱中国合唱音乐曲目的过程中对于演唱的节奏、音调并不能够很好的把握，比如教学《月亮月光光》这首歌的时候，可以利用柯达伊手势这种律动教学方法。在课堂教学中，学生对于音乐的律动经常性把握不好，比如说在《月亮月光光》这首歌的教学中，小学生对哪里采用轻音和哪里进行重音并不是很清楚，此时利用柯达伊手势，教师结合多媒体播放音乐，并站在讲台上利用手势的高低位置来根据音乐的变化进行音调的高低的判断，通过空间视觉变化来合理调整音调细微变化，将无形的声音变成有形的音调和音符，听觉变视觉。将达尔克罗兹教学法引入其中，强化肢体和感官的律动，因此，即便没有乐器进行伴奏，学生也可以依靠柯达伊手势将空间视觉变化曲的曲调准确无误地唱出来，这样就大大提高了音准，也让音准训练变得简单，结合手势教学的同时将学生的学习兴趣充分调动了起来。

图2　柯达伊手势

2. 扩展音域练习

在合唱教学中，音域的拓展工作应该有足够的气息作为基础，这是前提。达尔克罗兹教学法强调要通过"听"来提高小学生的音乐练习效果。所以，可以通过扩展音域的方式来集中进行练习。第一步要做的就是从中音区开始扩展，"wu"等练声条和整体能够帮助稳固中声区的音程，如果音程关系跨度不大，那么通过歌曲的训练，男生在练习时可以演唱女生歌曲，但是需要低八度来演唱。当稳固好中声区后，"哼鸣"的使用就显得尤为重要，提高位置可以采取提笑肌等办法，但是高音问题可以先采取高位置状态下利用"叹气"和"bo"等练习方式来将低音进一步拓展。气息方向不能朝上，但是需要往下走，保持声带相对不变或者不能有较大的变化，这样达到音域拓展的目的。

三、结语

综上所述，在小学音乐教育中开展合唱教学，传统的音乐教学方法显然已经不再适应学生的需求，可以利用达尔克罗兹教学法，以律动的方式，在音乐课堂中充分调动学生的肢体和感官，提高课堂的教学效率。学习合唱就像学习汉语拼音一样，达尔克罗兹教学法中所强调的视唱练耳基本的知识就是拼音，拼不好读不准都会影响发音的准确性以及对字的理解。在合唱课堂教学任务中，应该加强基本训练，有助于学生在音乐各方面更好地发挥与更好地了解音乐。为了加强合唱教学的功效，发挥学生在合唱中主体地位，学校应推崇合唱教学，高度重视合唱训练。

参考文献

［1］苏琴.小学音乐班级合唱教学实践研究［J］.新课程（中），2017（8）.

［2］彭百会.小学音乐班级合唱教学实践研究［J］.好家长，2017（47）：223-223.

［3］王亚红.小学音乐班级合唱教学实践研究［J］.学周刊，2017，4（4）：175-176.

［4］杨妮妮.小学音乐班级合唱教学实践研究［J］.新课程·中旬，2017（10）.

［5］肖逸婷.小学音乐班级合唱教学实践研究［J］.西部素质教育，2017.

［6］吴贵龙.小学合唱教学中审美情趣培养的策略探讨［J］.当代音乐，2017（1）：36-37.

［7］周含凝.小学合唱教学中审美情趣培养的策略探讨［J］.北方音乐，2017.

［8］丁洁.浅谈朗诵法在初中合唱教学中的运用［J］.生活教育，2018（3）：114-116.

［9］王辉.中学合唱教学中学生歌唱技巧和技能的训练方法分析［J］.艺术教育，2017（21）：60-61.

基于数学素养夯实初中学生数学基础知识的策略研究

海口市海景学校 卢开贤

初中学生数学素养包含数学抽象、逻辑推理、数学建模、数学运算、直观想象、数据分析六个方面。《义务教育数学课程标准》明确，初中数学教学过程中应当注重发展学生数感、符号意识、空间观念、几何直观、数据分析观念、运算能力、推理能力和模型思想以及应用意识与创新意识。

《义务教育数学课程标准》中要求，义务阶段的数学学习学生要达到，适应社会生活与必备发展的数学：基础知识、基本技能、基本思想、基本活动经验四种能力。

基于初中学生数学素养的培养与发展，我从以下几个方面进行有针对性的研究。

一、立足课标，明确章节知识要求，夯实基础知识学习

《义务教育数学课程标准》是学科教学的指明灯。各章节知识学什么？怎么学？学到什么程度？都有明确要求，因此，研读"课标"深浅是教好本学科的重要指标。例如，《全等三角形》一章，《课标》要求：掌握基本事实：两边及其夹角分别对应相等的两个三角形全等；按照课标对学科知识的学习动词，"掌握"是在"了解""理解"的基础上，把对象用于新的情境。也就是

"能"用这个基本事实解决实际问题。如何体现学生掌握程度，展示牢固的基础知识储备能力。①懂得解读，就是学生能给同伴讲清楚"基本事实"的"含义"；②会将"基本事实"用"如果……，那么……"的形式陈述，并指出"题设和结论"；③会用几何的符号语言将"题设和结论"转化为已知和求证；④能用逻辑推理书写"证明"过程。

如问题1：

如图1，已知线段AC、BD相交于点E，AE = DE，BE = CE，求证：△ABE ≅ △DCE.

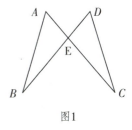

图1

本题的最基本要求，就是能将"基本事实：两边及其夹角分别相等的三角形全等"用已知：AE = DE，BE=CE，知两边找一角（夹角）。根据已有知识学生很快能说出夹角就是"对顶角"，具备了证明两个三角形全等的基本条件。

证明：△ABE和△DCE在，

∵ AE = DE（已知）

∠AEB = ∠DEC（对顶角相等）

BE=CE（已知）

∴ △ABE ≅ △DCE（SAS）

学生能够根据章节知识要求，在学习中落实"掌握"要求便可达到学习目的。这对于几何的进一步学习奠定良好的基础。

二、立足实践，构建数学模型培养学生的数感和符号意识

数感主要是指关于书写数量、数量关系、运算结果估计等方面的感悟。而符号恰好用来表示数量关系和变化规律。在初步认识正数与负数这课时，我

们通常引入生活中几个典型的例子，比如："收入和支出"，一本存折中的"＋""－"容易让学生理解数与生活的关系，也有助于学生对数的理解和感觉，进而触发学生对数的兴趣。

如问题2：

某校七年级328名师生乘车外出春游，已有2辆校车共可乘坐64人，还需租用44座的客车多少辆？

分析：审（认真审题，培养学生审题意识），找（提炼问题中的数量），构建（分析数量与数量之间的关系），列（建立数学模型——一元一次方程）。

设需要租用客车 x 辆车，共可乘坐 $44x$ 人，加上乘坐校车的64人，就是全体的328人，可得

$$44x + 64 = 328$$

通过数与数量之间的关系认识，构建数学模型，培养学生对数的进一步认识，强化学生的数感。在这一过程中，要让学生得到充分的体验和实践，在小组合作和独立思考中完成自己对数的理解和数量之间，如何构建他们之间的关系，才有利于促进学生数学基本素养的逐步形成。

三、立足法则，培养数学运算能力，筑牢基础根基

初中数学中的法则，换句话就是"物品的使用说明书"。有理数的加法法则：①同号两数相加，取与加数相同的正负号，并把绝对值相加；②绝对值不相等的异号两数相加，取绝对值较大的加数的正负号，并用较大的绝对值减去较小绝对值；③互为相反数的两个数相加得零；④一个属于零相加，仍得这个数。

如问题3：

（1）$(+2)+(-11)$。　　　　　（2）$(-12)+(+12)$。

（3）$\left(-\dfrac{1}{2}\right)+\left(-\dfrac{2}{3}\right)$。　　　　　（4）$(-3.4)+4.3$。

解：（1）$(+2)+(-11)=-(11-2)=-9$。

（2）$(-12)+(+12)=0$。

（3）$\left(-\dfrac{1}{2}\right)+\left(-\dfrac{2}{3}\right)=-\left(\dfrac{1}{2}+\dfrac{2}{3}\right)=-1\dfrac{1}{6}$。

（4）$(-3.4)+4.3=+(4.3-3.4)=0.9$。

本例就是利用法则解决计算问题的典型例子。

四、立足技能，积累数学学习经验要点，构建兴趣制高点

人们总说，兴趣是学习的最好老师，如何让培养学生数学的学习兴趣，关键是要学有所获。要让感觉到数学的学习并不难，难在方法，而方法是需要经验的积累和优化的。症结还是基础的建立和巩固，正所谓"根基不牢地动山摇"。

如问题4：

解方程$\dfrac{x-1}{2}-\dfrac{3x-1}{3}=1$

解：去分母，得$3(x-1)-2(3x-1)=6$

去括号，得$3x-3-6x+2=6$

移项，得$3x-6x=6+3-2$

合并同类项，得$-3x=7$

系数化为1，得$x=-\dfrac{7}{3}$

解不等式：$\dfrac{x-1}{2}-\dfrac{3x-1}{3}\leqslant 1$

解：去分母，得$3(x-1)-2(3x-1)\leqslant 6$

去括号，得$3x-3-6x+2\leqslant 6$

移项，得$3x-6x\leqslant 6+3-2$

合并同类项，得$-3x\leqslant 7$

系数化为1，得$x\geqslant -\dfrac{7}{3}$

该题的解决，得益于一元一次方程的解法，整个解题的步骤是无差别的，不同在于在后结果符号结论。经验的积累，使得本节知识的学习比较轻松，关键在于懂得解决一元一次方程的解法，利用类比法，参照模仿，结合不等式的

性质，就能掌握一元一次不等式的解法。通性通法，知识的积累和构建促进学生学习的兴趣，为后续学习各类方程和不等式组奠定坚实的基础。

五、立足知识整合，搭建起飞滑翔道

每一章节的知识都是各自为政，具有"独立自主"特点，用现在流行语"知识碎片化"，当然，也有知识的内在相关联的。为了打通"任督二脉"，将知识整合，有助于学生知识的掌握和运用。数学学习必须注重数学的整体性，这是由数学的学科特点决定的。如问题5（如图2），在边长为6的正方形 $ABCD$ 的两侧作正方形 $BEFG$ 和正方形 $DMNK$，恰好使得 N、A、F 三点在一直线上，连接 MF 交线段 AD 于点 P，连接 NP，设正方形 $BEFG$ 的边长为 x，正方形 $DMNK$ 的边长为 y。

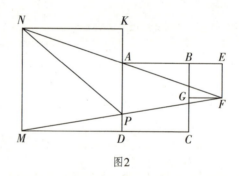

图2

（1）求 y 关于 x 的函数关系式及自变量 x 的取值范围。

（2）当 $\triangle NPF$ 的面积为32时，求 x 的值。

（3）以 P 为圆心，AP 为半径的圆能否与以 G 为圆心，GF 为半径的圆相切？如果能，请求出 x 的值，如果不能，请说明理由。

解析：

（1）∵正方形 $BEFG$、正方形 $DMNK$、正方形 $ABCD$

∴$\angle E = \angle F = 90°$，$AE /\!/ MC$，$MC /\!/ NK$

∴$AE /\!/ NK$，

∴$\angle KNA = \angle EAF$

$\therefore \triangle KNA \backsim \triangle EAF$,

$\therefore \dfrac{NK}{EA} = \dfrac{KA}{EF}$,

即 $\dfrac{y}{x+6} = \dfrac{y-6}{x}$

$\therefore y = x + 6 \ (0 < x \leqslant 6)$

（2）由（1）知 $NK = AE$,

$\therefore AN = AF$

$\because$ 正方形 $DMNK$,

$\therefore AP /\!/ NM$,

$\therefore \dfrac{FP}{PM} = \dfrac{AF}{AN} = 1$

$\therefore FP = PM$,

$\therefore S\triangle MNP = S\triangle NPF = 32$

$\therefore S$正方形$DMNK = 2S\triangle MNP = 64$

$\therefore y = 8$,

$\therefore x = 2$

（3）连接 PG，延长 FG 交 AD 于点 H，则 $GH \perp AD$

易知：$AP = \dfrac{y}{2}$，$AH = x$，$PH = \dfrac{y}{2} - x$，$HG = 6$；$PG = AP + GF = \dfrac{y}{2} + x$

① 当两圆外切时。

在 Rt$\triangle GHP$中，$PH^2 + HG^2 = PG^2$，即 $\left(\dfrac{y}{2} - x\right)^2 + 6^2 = \left(\dfrac{y}{2} + x\right)^2$

解得：$x = -3 - 3\sqrt{3}$（舍去）或 $x = -3 + 3\sqrt{3}$

② 当两圆内切时。

在 Rt$\triangle GHP$中，$PH^2 + HG^2 = PG^2$，即 $\left(\dfrac{y}{2} - x\right)^2 + 6^2 = \left(\dfrac{y}{2} - x\right)^2$

方程无解。

所以，当 $x = 3\sqrt{3} - 3$ 时，两圆相切。

本题是一道关于正方形问题的压轴题，知识的覆盖面比较广，涉及一次函

数、方程、勾股定理（直角三角形）和正方形及相似等，就是考查学生综合知识的掌握情况。只有在学习基础知识的基础上系统梳理章节知识的内在勾连，才能构建完整的知识链接，夯实基础是根源所在。

参考文献

［1］中华人民共和国教育部.义务教育数学课程标准（2011版）［S］.北京：北京师范大学出版社，2011.

［2］中华人民共和国教育部.义务教育教科书（华东师大版八年级数学上册）［Z］.长春：华东师范大学出版社，2013.

［3］韦丽云.整体建构，"数""形"相长［J］.中学数学教学参考，2020（08）

小学第一学段故事会课教学模式初探

海口市海景学校 罗海虹

儿童语言学习是一个不断发展的过程，伦内伯格在《语言的生物学基础》一书中指出儿童的语言发展是受发音器官和大脑等神经机制制约自然成熟的过程，而大脑的成熟及其对于言语器官的调节是逐渐形成的，其中有一个最适宜、最迅速的年龄阶段，即关键期（6岁左右）。在口语方面，儿童在这个时期倾向于模仿，儿童听到的语言将成为其模仿的对象，所以儿童家长及教育者应以适宜的语言与儿童多交流，给儿童丰富的语言素材及表达机会，及时抓住儿童语言习得的关键期，给予儿童耐心且适宜的指导和帮助，从而充分发展儿童的语言技能。

但笔者根据日常的语文教学实际情况来看，本校相当一部分第一学段的学生的口语表达能力是不尽如人意的。具体表现在：①部分学生受方言影响，不能正确使用普通话。②没有形成了良好的口语交际习惯，不能认真倾听别人的发言，态度忸怩不大方。③听故事后，不能准确复述故事大意或较完整地讲述小故事。④语文学科的口语交际专项训练课在的整个单元的学习中只有一课时，训练量不足。口语交际课堂教学存在交际氛围不够浓厚。学生的参与度不高，表达和交流的欲望不强，学生在表达的过程中缺乏条理性和语言表达能力差等情况。

为了改变这一现状，帮助学生提高口语表达能力，语文组的老师们寻求其他的教学途径和方法，在交流和研讨的过程中，老师们发现并总结出童话故事

是深受学生们喜爱的一种文学形式，对于他们来说有特殊的吸引力。一些好的童话故事，学生们百听不厌。其优美的语言、典型的人物形象塑造、生动的故事讲述，使他们增长了知识，发展了智力，从中受到感染和教育。童话故事还可以帮助学生学习语言，增强孩子的记忆力，丰富和发展想象力。我校以新一轮课程改革"一切为了学生，一切为了学生的发展"的教育理念为指导，从学校的实际状况和学生的实际需要出发，开设了校本课程"故事会课"，一、二年级的学生思维以形象思维为主，故事会课主要选用的是绘本童话故事，绘本具有图文并茂的特点，借助画面完整地讲述故事，故事情节富有趣味，人物形象生动活泼可亲，文字简洁明快，符合此学段学生的阅读习惯。以此来促进学生语言能力的发展，提高学生口语表达能力，发展学生特长。经过几年的课堂实践与研讨，初步形成以下的教学模式，具体做法如下。

一、巧借绘本创情境

绘本故事深受学生的喜爱，为顺利开设故事会课，我校购置了大量的适合学生阅读的绘本，不断地收集绘本信息，以系统地、有规划地建立绘本资料库。授课前，老师们集体备课，了解、讨论绘本中有哪些故事情节可以延伸发展成为教学活动。以《猜猜我有多爱你》一书为例，书中的小兔子和大兔子在比赛谁的爱更多一些。它想尽办法用各种身体动作、看得见的景物来描述自己的爱意，希望自己的爱能胜过大兔子的爱，直到它累得在大兔子的怀中睡着了。整个作品充溢着爱的气氛和快乐的童趣，小兔子亲切可爱的形象、两只兔子相互较劲的故事结构以及形象、新奇的细节设置都对学生有着极大的吸引力。我们设计了以下的教学目标：①能正确、流利地读故事，感受人物情感；②在语言游戏中感受乐趣，学习运用句式"（　　　）有多（　　　），我就有多爱你！"引导学生积极表达自己的想法；③引导学生根据图片提示，尝试复述故事；④让学生懂得爱是需要表达的，向亲人表达爱。

老师按照下列步骤开展教学：老师导读故事→师生合作读故事→故事内容讨论→看图片填空式讲故事→看图说完整的故事。《义务教育语文课程标准》指出，应培养学生能认真听别人讲话，努力了解讲话的主要内容。老师用正确的、流利的普通话导读故事，就是在给学生做最好的示范，让学生能模仿教师的语言来学习讲故事。教师除了朗读文字外，也引导学生读图，配合图文的阅读将有助于后续的故事内容讨论，唯有透过故事内容讨论才能了解学生对于故事内容的理解有多少，才能强化学生对于主题概念的认识和体会。故事内容的讨论是循序渐进的，使用"故事结构法"（4W，人物、时间、地点、事件）来引导学生表达对故事内容的理解，在此基础上鼓励学生能复述大意和自己感兴趣的情节。

此外，教师还根据不同绘本的内容来设计多元的创意延伸活动，如：儿歌创作、故事接龙、故事扮演等多样化的方式来进行。

以《逃家小兔》一书的教学为例，这是一篇充满爱与温情的童话绘本故事。故事通过小兔和妈妈的对话展开情节，孩子们通过猜猜、议议兔宝宝与妈妈之间的对话，深切地体会到妈妈对孩子深深的爱，能够满足孩子想象创造兴趣的需要，对学生的情感教育起到很好的促进作用。我们设计了以下的教学目标：①通过阅读交流，让学生感受到无私而伟大的母爱；②指导学生根据故事情境练习想象练说，并复述完整的故事，培养学生的说话兴趣和阅读理解能力；③引导学生把观察，想象与阅读经验相结合，学编浅显的童话故事，发展学生的想象力和创造力。

一年级的学生刚从幼儿园进入学习状态，难免有些不适应，为了帮助学生更好地度过这段时期，我们收集了相关的绘本故事，如《小魔怪要上学》，寓教于乐，让学生们在故事中体会到原来上学是快乐的一件事情，读书可以改变生活，可以让生活变得更有意思。

二、大胆展示树信心

卡耐基说过："一个人的成功，仅仅有15％取决于技术知识，而其余的85％则取决于口才艺术。"可见，口才对一个人的重要性。儿童心理学的研究也指出：2个月到8岁之间是儿童的语言敏感期。这个阶段，孩子对语言有着极大的兴趣，他们能够很快模仿成人的用语，词汇量于表达能力迅速增长，应抓住这个敏感期来培养孩子的语言表达能力。6～7岁的孩子往往在家里能说会

道，然而一旦进入陌生的环境或者当众讲话的时候，就变得安静或不知所措起来。这主要是孩子的心理素质差导致的，所以在一定程度上讲，树立学生的自信心对其口语表达至关重要，只有信心十足，学生才更愿意说话，表达才会更顺畅、更流利。

故事会课的第二个环节是在学生充分了解故事内容的基础上，鼓励学生大胆表达，讲故事有助于提高学生的语言表达能力和逻辑思维能力，也有助于培养学生倾听的习惯。为了扩大交流面，让班里的每个学生都得到训练，鼓励更多的学生积极展示。老师先让学生在小组里轮流讲故事，这既降低了讲故事的难度，又给了学生合作交流、同伴互助的机会。在巡视过程中，教师观察每组学生的表现，及时给予指导和帮助。组内讲故事结束后，小组推选代表上台讲故事，老师会出示讲故事的要求，如：吐字清晰、语言流畅、态度大方自然。让班级学生根据要求来评价讲故事同学的表现，以及提出改进的建议，为接下来的评比"故事大王""进步之星"和"最佳听众"做铺垫。为了避免出现"讲故事专业户"，即口才好的同学总上台讲故事，而部分胆小的、表达能力较差的同学只是观众和陪客，我们在教学中还要求班里的每个学生都要轮流上台讲故事，让"每个孩子都能讲故事"的理念落实到在实践中。

三、师生共评助提高

《义务教育语文课程标准（2011版）》明确了学生口语交际能力的发展目标如下：能认真听别人讲话，努力了解讲话的主要内容。听故事、看音像作品，能复述大意和自己感兴趣的情节。能较完整地讲述小故事，能简要讲述自己感兴趣的见闻。与别人交谈，态度自然大方，有礼貌，有表达的自信心。积极参加讨论，敢于发表自己的意见。结合课标的要求和学生课堂的实际表现，我们设计了评比"故事大王""进步之星"和"最佳听众"的环节，"故事大王"就是选出本次故事会课上讲故事最精彩的学生；"进步之星"是选出故事会课上讲故事有进步表现的学生；"最佳听众"是选出认真倾听故事、认真评价的学生。首先请讲故事的学生上台，再由台下的学生评价、提建议，最后投票选出"故事大王"。在评价阶段，我们注重培养学生养成以下的评价习惯：

①先说说同学的优点；②中肯地指出同学存在的不足；③提出具体的改进意见。多采取肯定和赞扬性的评价，这样既能保护上台讲故事同学的自尊心，又让他认识到自己的不足，从而克服缺点，继续努力去提高自己讲故事的水平。评选"进步之星"主要是关注学生的个体差异，对于原本口语表达能力较差的学生，评价的尺度不妨放宽，肯定学生付出的努力，多关注其进步的方面，给予学生更多的鼓励，不打击学生的自信心。

四、及时奖励兴趣浓

评选出"故事大王""进步之星"和"最佳听众"，接下来就是孩子们最激动的环节——现场颁奖，"故事大王""进步之星"将得到老师精心准备的故事书，"最佳听众"也会得到自己喜爱的文具作为奖励。老师会拍下学生讲故事时的精彩画面或视频，发送到班级群，并反馈每周故事会课的学生表现，让家长们看到孩子在故事会课上的进步与成长。在师生共同努力下，每周的"故事会课"已经成为孩子心中最喜爱、最期待的课。

开设校本课程"故事会课"近三年，我们看到了学生在口语表达能力方面的可喜进步：①学生逐步养成说普通话的习惯，能正确使用普通话；②学生养成了较好的口语交际习惯，能认真听别人讲话，态度自然、大方；③能较完整地讲述小故事；④能积极参加课堂讨论，敢于发表自己的意见。我们将结合学生的身心发展特点，继续开发和设计小学第二、三学段的故事会课的校本课程，遵循学生学习的规律和语言发展规律，注重故事会课的实效性，让学生在轻松愉悦的氛围中，学会耐心倾听、流畅表达、灵活应对，不断提高学生的口语表达能力。

参考文献

［1］李珂.儿童语言学习理论的发展及其影响因素与策略［J］.学前教育研究，2016（7）：58-60.

［2］中华人民共和国教育部制定.义务教育语文课程标准（2011版）［S］.北京：北京师范大学出版社，2012.

［3］谢娟.小学语文教学中童话教学的有效策略［J］.语文教学通讯，
　　2013，758（11）：59-60.

［4］王开明.以童话助力学生语言发展［J］.学周刊，2018（4）：122-123.

［5］赵麦芹.儿童口才课［M］.天津：天津人民出版社，2019.

引生活源泉做灵动文章

——初中语文作文教学探讨

海口市海景学校　容铭蔚

作文在初中教学阶段占据重要的位置，能够很好地体现中学生语文方面的综合素养。在日常的教学中，学生往往对写作文提不起兴趣，提起笔中学生就无话可写，提升中学生的写作能力已经成为教师普遍要面对的问题，要想让中学生提升写作能力，做到有话可写，教师在教学的课堂中就要以学生的兴趣作为出发点，通过让学生多阅读、多积累素材、多进行实践演练等多途径，加强学生的作文写作训练，从源头提高教学的质量，提升学生的语文综合素养。

一、当前初中阶段作文教学中存在的问题

1. 缺乏真情实感

初中生的作文中能够体现其天真烂漫的性格情怀是非常可贵的，而在教学过程中，我发现学生的作文内容中，缺乏真情实感，普遍的内容都比较虚假，语句干涩、缺乏个性、众口一致、全篇套写，极少能够看到流露真情实感的文章。

2. 写作课堂的教学形式过于模式化

我在走访听课中发现，有一些语文教师在课堂教学中偏向于写作的技巧和知识方面的传授，中学生理解能力尚在发展过程中，并不能对写作技巧完全加以利用，所以对于他们来说这种教学方式过于理论化，他们并不懂得如何依据

教师课堂中讲的技巧模式进行写作，这反而起到了反作用，让学生不能真实地表达自己的情感和想法，无法自主地发挥自身的主观能动性，增加其写作的难度。教师将作文课堂教学过于模式化，减少了学生想象力的加入，缩短了学生的写作维度，不利于学生增加对于写作的兴趣。

3. 与实际生活脱轨

知识源自生活，同样写作也是一样的，要依据自身生活的经验积累，将日常见闻以及积累的素材在脑海中经过加工，以文字的形式加以语言技巧进行表述，但是现在初中作文教学只限制在教室中教学，教师没有带领学生们走到室外观察生活，再加之学生们的阅历尚浅，写作的内容只能绞尽脑汁进行东拼西凑才能完成一篇文章，这样作文就少了很多生活的生动色彩，文章中缺乏初中少年的思想活力。

二、引生活源泉——提升学生写作能力的策略

1. 兴趣是最好的老师

要想让中学生在写作中有话可写，必须引发中学生写作的兴趣。引发学生写作兴趣的方式有很多，这就需要教师要将与作文相关的生活情境进行结合，在一种不是教师刻意进行设计的氛围中让学生感悟，引发学生写作的欲望和创作的激情。例如，我在课堂中和学生们分享了自己暑期去旅游的经历，我将沿途中的旅游照片制作成了视频用媒体播放，学生们在观看的过程中问老师："老师，您这是去的哪个旅游景点啊，这儿的风景真的太美了！"我和同学们说："这是老师在暑假闲暇的时候去九寨沟旅游的照片，同学们你们都去过哪个美丽的地方旅游过呢？那些旅游景点有什么地方特点呢？现在回想一下那些旅游景点，同学们还能够回想到什么呢？"通过我的提问，同学们思维立刻就回到了旅游的场景中，一篇篇旅游散文在学生们的脑海中渐渐形成了，这正好符合了以生活作为写作源泉的写作要求。

2. 开展校园活动，为写作提供素材

学生能够从实践中获得知识，在学校中，教师可以带领学生们展开一些丰富多彩的校园活动，这不仅丰富了学生的学习生活，也能够引发学生对于写作

的兴趣。例如，我让学生在运动会中写出自己的所见所想，有些学生围绕八百米跑步比赛的过程写出的作文生动形象，让人读过仿佛身临其境，有一位同学的文章是这样描写的："我们听到裁判老师举起气枪'嘭'的一声，同学们就好像脱缰的马儿一样，都在努力地向前奔跑，每个同学都朝着终点的方向奋勇向前，一会儿一班的贾天豪跑在最前面，一会儿五班的陈诒杰又猛追了上去，就这样你追我、我追你，互相比拼着，使尽全身的力气向前跑，赛场上的小选手们汗流浃背，但是没有一个轻言放弃，争先恐后只为班级争得荣誉。赛场边回荡着各个班级此起彼伏的加油助威声，在激烈的比赛中同学们斗志昂扬、热情高涨，都在为了班级荣誉感贡献着自己最大的努力……"学生结合运动会中的比赛经历写出如此生动有趣的文章，这与他自身在情境中的感情抒发有很大的关系，写作文是一种心理素材积累的过程，只有亲身体验的人才能写出动人的文字，只有将自己的真情实感融入文字的时候，才能够引起读者内心的共鸣。

3. 作文命题注重真情实感，培养情感

初中生在写作文的时候缺乏真正的情感流露，这很大程度上说明中学生还缺少写作的主观能动性。培养中学生的自主写作文的能力是语文教学的重中之重，只有让中学生热爱写作，对写作产生兴趣，才能提升他们的写作能力。所以，教师在教学中还应当从写作文的命题作为切入点，让学生从身边的小事入手，将生活中的小事情中的真实情感体验以文字的形式描述到作文当中。例如：教师可以拟定作文题目：《我懂得了……》《我看见了……》《周末的生活》等题目。除此之外，在每一个节日中教师还可以拟定作文题，比如，母亲节可以拟题"感恩妈妈"，父亲节可以拟题"辛苦的爸爸"，国庆节可以拟题"快乐的一天"，元旦可以拟题"团圆的一家"，这样一来，学生通过生活中情境的真实感受，在写作时不仅有句可写，还能增添其对于写作创作的兴趣。

4. 认真观察生活，做到有材可写

在生活中，树木、小溪、泉水、大山都是写作的素材，教师要让学生们勤于观察，感受生活带给我们的美，只要学生对这些资源善于利用，它们是用不尽的。例如，我为了让学生有更深刻的体会，带领学生去春游，让同学们置身在春天的美景中用心感受，在学生写的春游小感中，有的同学是这样写的：

"春天是百花盛开的季节，是柳树发芽的季节，是草长莺飞的季节，是万物生长的季节。春天是鸟儿张开翅膀向我们歌唱，春天是牡丹露出花蕊向我们舞蹈，春天是田野打开胸怀向我们拥抱，春天是蓝天张开臂膀向我们微笑。老师带领我们伴随着春姑娘的脚步轻轻地踏进这美景如画的春天里，好一片万紫千红的动人景象，真是美不胜收啊！"在此情此景中，学生有感而发写出来的文章，字字扣人心弦，所以，教师就应当鼓励学生对身边的事物多进行观察，只要让学生们勤于观察，生活中的写作素材无处不在。

5. 打消学生写作抵触感、用身边小事激发写作兴趣

很多初中生在写作的时候都有一种抵触感，中学生的社会阅历少，身心还在发育时期，缺乏生活经验，知识面相对狭窄，所见所想都比较少，所以，中学生写作时候常常感觉到困难，所以，教师要依据初中生不成熟的心理特点，通过发现生活小事的趣味性进行写作指导。例如：在上课时教师可以讲一个生活中趣味性强的小故事，通过故事的趣味性发散学生思维再进行写作指导，在写作的时候让每个学生构思自己的写作片段。当作文课结束后，还可以让学生互换自己的作文，通过互相朗读同学之间的写作片段，开拓自己的思路，让学生做到心中有文，对写作不再抵触，提升学生的写作能力。

三、结语

综上所述，生活处处都可以成为写作素材的源泉，生活到处都充满着文学的浓厚气息。教师要对生活中的无限优质资源加以利用，带领学生多对生活进行观察，多积累生活中的写作素材，这样学生的文章才能达到取于生活，用于生活的中学课堂作文教学的目标。

参考文献

［1］曹军.新课标下作文教学探讨［J］.文学教育（上），2021（03）：124-125.

［2］吴炜.初中语文生活化作文教学设计思路［J］.语文天地，2020（35）：41-42.

寻规律巧识记

海口市海景学校　王丽萍

　　《语文课程标准》明确指出："要运用多种识字教学方法和形象直观的教学手段，创设丰富多彩的教学情境，提高识字教学效率。"识记汉字的方法有很多，如：做游戏、动作识记、加一加、减一减、编故事、编顺口溜等等。但简单的"加一加、减一减"不能给孩子留下什么深刻的印象，不便于识记。众所周知，汉字是音、形、义相结合的表意文字，是中华传统文化的精华。一个小小的方块汉字，藏着大大的世界。面对小学中、低年级的学生，我们要善于利用汉字的构字特点，运用多种方法，巧妙识记汉字，培养字感，让汉字真正走进孩子的内心，激发孩子主动识字的兴趣，打好语文学习的根基。

　　根据汉字的构字特点，我们常用的、较有效的识字方法有以下几点。

一、形声配搭，自主识字

　　在所有的汉字中，形声字占了80%左右。在教学的过程中，如果我们能够利用好教材，引导学生发现形声字声旁表音，形旁表义的特点，把握形声字的构字规律，不仅能帮助学生识记和理解生字，还能提高他们自主识字的能力，培养主动识字的习惯。

　　部编版教材在形声字方面就有系统的训练。在一年级上学期，学生初步接触了形声字后，又在一年级下册的第一单元，安排了《小青蛙》和《猜字谜》，让学生了解"青"字族汉字的特点，体会形声字的构字规律。紧接着，在第五单元的《动物儿歌》《操场上》学习了带有形旁"虫、扌、足"的字，《语文园地五》中的《识字加油站》学习"包"字族汉字，《我的发现》是三组根据偏旁归类的形声字。教学中，我们一定要根据教材的特点和学生的认知水平，由浅入深、循序渐进地引导学生了解形声字声旁表音，形旁表义的特点，并鼓励学生把学到的方法运用到日常的识字中去，培养孩子主动识字的能力，达到由"教"到"不教"的目的。

那么，是不是只要是形声字，就可以用"声旁＋形旁"或"换一换"（把已学过的形声字的形旁替换掉，如沟→钩）的方法识记呢？在课题研究的过程中，我们发现，有些字虽然是形声字，但是如果其某个部件没有学过，就不能用学习形声字的方法来识记，这不符合孩子的认知特点，也不便于孩子识记。如"落"因为之前孩子们没有学过"洛"，这时，如果只是简单地运用"加一加"的方法，即艹＋洛，孩子是记不住的。"落"是上下结构，他们常写成左右结构。有个同学是这样识记的：有一棵树枝繁叶茂，我站在树下，看到树叶纷纷往下落。我把"艹"想象成树的枝叶，很大很茂盛，把大树下的东西都盖住了。我写"落"字的时候，也把"艹"写大一点，下面的"氵"就不会露出来了，是上下结构呦。

值得一提的是，形声字的教学，一定要让孩子明白形旁的意思，这样更有助于孩子识记生字。因为，汉字几乎每个偏旁都有其特殊的含义，了解这些偏旁所蕴含的意思，清楚它的表音表意功能和组合规律，就如同掌握了学习汉字的一把金钥匙。如"歌"字，同学们也知道它是形声字，"哥"是声旁，"欠"是形旁。但可能由于"欠"与其他部首比较相似的原因，他们常常把"欠"写成"攵"或折文。不管老师怎么强调都没有用，错的依然错。做这个小课题研究时，我们查阅了大量的资料才知道，欠字旁，作部首时表示和张大嘴巴的各种动作有关。这就比较好识记了，唱歌时，要张大嘴巴，并不停地换气，因此，"歌"应该是欠字旁，而不是反文旁。因为反文旁在甲骨文中，表示一只手拿着小棍，作部首时可以表示和敲、打、击等手的动作有关，与唱歌毫无关系。经过我们这样解释，孩子们再也没有写错过"歌"字了。

所以，在低年级的识字教学中，老师一定要把汉字部首的本意讲清楚，这是减少写错别字、提高儿童自主识字能力的关键。为此，我们课题组把《汉字部首名称表及含义》打印出来，认认真真地学习了。

二、借助图片，帮助识字

汉字的最大特点是音形义的结合。当我们看到一个汉字时，我们要引导小朋友整体感知字形，再看重点笔画，而不是盲目地肢解汉字。这不符合汉字的特点，也不符合小朋友的认知规律。

在学习汉字的初始阶段，课文中配有大量的插图和字理图。老师可充分利用这一优势来引导孩子观察和思考，帮助孩子学习汉字。如日、月、鸟、羊等。那么，有一些汉字，经过五千年的文化积淀，画面感不那么强了，就得通过现代图片来帮助学生识记。如"象"这个字，孩子们常常把第六笔"丿"写成两笔：竖、撇。教学这个字时，我出示一幅大象图，让同学们观察："同学们，你们看看这一撇，像大象的什么？""像大象长长的象牙。""是的，大象的牙齿是从嘴里长出来的，因此，这一撇不能断开哟。"就这样，学生们记住了"象"字，记住了这个易错笔画。

三、编顺口溜，比较识字

对于字音不同、字形相近，容易认错或字音相同、字义不同的容易混淆的字，我们也鼓励学生运用比较法区分，编顺口溜识记。如己和已：自己不出头，已经出头了。辛和幸：用一点的辛苦，换来十分的幸福。

四、结合字源，智慧识字

汉字已经有三四千年的历史。在漫长的发展演变过程中，字体发生了很大的变化。但有些字的重点笔画，我们还是可以借助甲骨文来帮助学生识记的。在这里给大家推荐一个非常好用的网站：字源网。这个网站有两万左右常用汉字的字源图解，以图文结合的形式诠释汉字由甲骨文、金文、小篆到隶书、现代汉字的起源及演变过程，并且通过形象的分析，详细地介绍了每个汉字的字形与字义之间的内在联系。

"蒙"中间的一横，常常会被粗心的孩子漏掉。课堂上，我出示从字源网上查到的图片，同学们认真观察后，说："蒙住这个人眼睛的那块布，就是'蒙'中间的那一横。"

五、直观演示，巧妙识字

中低年级的学生以形象思维为主，在课堂中，如果我们能够运用动画或者演变的动画，以直观的形式进行教学，就会使学生对这个字的字形、结构的认识记得更牢，巧妙地完成了对字形的记忆过程。

说起"武"字，孩子们想到的可能是"大动干戈"，或"拿着兵器——戈去参战"之类的，所以老爱在"武"的"弋"上加一撇。

教学"武"字时，我先出示"武"的甲骨文，并告诉同学们："'武'是由'戈'和'止'构成的，表示拿着兵器行进，所以本义是军事征伐。后来，楚庄王提出了'止戈为武'。意思是说，只有收起武器，平息战争，才是真正的武功。"说着，我用直观演示的形式把武换成武。使同学们牢牢记住"戈"收起来啦，变成左上角的横。

六、展开联想，灵活识字

在将近两年的课题研究中，我们发现孩子们最感兴趣的、也是最常用到的，便是根据汉字的构字规律，进行联想识记。所谓的联想识记，即我们平常所说的"联想记忆法"。"百度百科"给出的解释是："利用事物间的联系通过联想进行记忆的方法。"由于客观事物是相互联系的，各种知识也是相互联系的，因此在思维中，联想是一种基本的思维形式，是记忆中较常见的方法。用"联想记忆法"识记汉字，既能让学生开动脑筋积极思考，又能激发学习兴趣，调动积极性。孩子在识记汉字的同时，也发展了思维。

如"荒"字，同学们常常在"亡"上加一点。这时，如果我这样提醒："荒"中间的"亡"字没有点，用处不大。在课题研究的过程中，我们发现，对于孩子容易写错的字，反复提醒、强调是没有用的。反而会使正确的字形在孩子的脑海中的印象模糊了。通过联想，可以让孩子把所学生字与已有知识，或已认识的事物进行勾连，并牢牢地记住这个字。

教学"荒"字时，我在黑板上写下了"亡"字："亡是什么意思？"这个字以前学过，孩子们很快就说出是"死亡、失去"的意思。紧接着我又追问："荒中间是'亡'字，你怎么记住它？"有个孩子说："这个字有草字头，我把它看成是一片草地，下半部分我把它看成变形的'川'，'川'是水，'川'变形了就代表没有水。可见，'荒'的意思就是：这里一滴水都没有，所以草地上的生物都死亡了。也就是说，这是一片荒地。所以中间应该是'亡'。"听了这位小朋友的回答，其他小朋友不由自主地给他鼓掌。我顺势总结道："根据汉字的意思，进行联想识记，这也是识记生字的好方法。"

又如："柳"有一撇，"迎"没有，学生也很容易混淆。上课时我让同学们积极开动脑筋，想办法记住这两个字。孩子们是见过柳树的，他们是这样联想识记的："春天来了，我走在河岸上，看到柳枝在迎着风跳舞。'柳'字的那一撇，我把它想象成随风摆动的柳条。"

可见，任何生字的学习，学生都不"零基础"。他们带着自己全部的生活体验，参与新的学习过程。对于不同的生字，因生活环境等，不尽相同，他们有不同的认知、情绪、情感。"展开联想，灵活识字"简单地说，就是孩子可以根据汉字的字义、字形等，利用生活中熟悉的事物或场景，识记生字。

以上便是我们在研究课题的过程中总结出来的比较有效的识字方法。总之，根据汉字的构字规律，运用多种方法识记生字，可以最大限度地激发学生的识字写字兴趣，使学生喜欢学习汉字、主动识记汉字，为中、高年级的独立识字打下坚实的基础。

参考文献

[1] 中华人民共和国教育部.义务教育语文课程标准［M］.北京：北京师范大学出版社，2011.

［2］中华人民共和国教育部制定.义务教育教科书：语文五年级下册
　　［M］.北京：人民教育出版社，2020.

［3］许嫣娜.生命识字：倾听汉字在儿童生命里绽放的声音［J］.语文世界
　　教师之窗，2012，8（2）：13-16.

句子扩写是小学低年段写话教学的有效策略

海口市海景学校 俞孝源

写话教学，主要是低年段学生进行的初级的书面语言训练，其目的是培养学生书面表达的兴趣，提升学生字词句运用的能力，促进学生学习语言和运用语言表达自己真实感受的语文实践性学习。显而易见，低年段的写话训练扎实有效，关乎中高年段习作的成效如何。如何提高低年段学生的写话水平，是当下一、二年级教师思考探究的话题。但在教学实践研究过程中发现，有相当一部分学生在写话练习中有内容简短，句子表达不够具体、生动，句子不连贯、语序有误的现象。因此，在写话教学中，如何用好句子扩写策略，运用课内外已学过的词语，指导学生写好句子，有效达到写话教学的目的，提高学生写话水平，落实学生语文素养的培养。

一、《课程标准》对低年段写话的要求

《课程标准》对第一学段的"写话"提出三点要求。

（1）喜欢写话，乐于写话，懂得观察身边的事物，写出自己看到的，听到的，想到的真实想法，懂得发挥想象。

（2）在写话过程中学会使用已学过的词语。

（3）在写话过程中，学会正确使用标点符号，如逗号、句号、问好、感叹号等。知道整个句子，需要有标点符号表示停顿和结束。

二、低年段学生写话低效的现状

统编教材一年级没有安排写话，二年级安排了7次写话，虽然写话教学的目标和内容在《课程标准》中已明确指出，但在实践中发现，仍存在一些核心问题，有待我们解决和突破。从教师如何教的层面看，教师写话教学目的临界不分、指导过程不够科学有效、写话教学素材与学生生活不够贴切、写话教学的评价拘泥呆板。从学生日常的写话教学和写话练习质量看，具体表现在以下几点。

（1）写话的句子简短，内容空洞、苍白，不够生动、具体。

（2）语句不通顺，语言趋向口语化。

（3）不会正确使用标点符号，漏用标点符号。

（4）不会运用平时学过或课外积累的词语。

（5）没有清楚地表达图意，没有按照图序来写话。

（6）表达的语句缺乏语感。

三、句子扩写对写话教学的意义

众所周知，写话，句子是构成文章最基本的单位。扩句指的是在给基本句子添加修饰词或提示语，使原来简短的句子在意思不变的基础上，表达得更生动、更具体。句子扩写是依"句"扩写，不是无中生有地写话，相对无句写话来得容易。让学生"写好一句得一句"，学生学会写好一个句子，层层递进，步步扎实，学生自然而然不会畏惧写话。加上每篇文章都是由许多不同的句子构成的，从一个字，一个词，一句话，再到一个自然段、一篇文章的认知，久而久之，也培养了学生对一篇文章或一类文章的整体感知和审美情趣。这不但符合一、二年级学生的学习规律，还有助于培养学生对写话的兴趣。因此，如何让学生乐于写话，勤于写话，提高学生写话水平，首先要帮助和指导学生从写好一句话开始。

四、用好扩句策略，有效指导学生写话

1. 利用教材学习点，有效指导扩写

《课程标准》中指出：当学生在阅读中出现一些常用的、生动的词语，教学时必须突出，通过组成词组、词语搭配及组成句子，学习运用，并在运用中加深理解。

教材本是学生学习最好的例子。部编版教材中有许多值得我们学习的地方，我们要善于观察，用好教材，挖掘教材，发挥部编版教材最大的示范指导作用。首先是课后习题，每一篇课文的课后习题，它既是确定教学目的的依据，也是落实语用的语文要素。其次是课文内容，包括课题、跟课文主要内容有关联的句子，都是我们指导学生进行扩句训练的例子。值得充分利用的还有课文中的语文园地的"字词句运用"的部分内容和教材课文中的插图。低年级语文写话教学如何合理利用教材，如何选取适切的内容，落实写话教学目标，循序渐进地培养学生语文素养，也是我们一线语文教师必须面对的课题。因此，可以梳理教材课文中关于"句子扩写"的教材课文内容，引导学生观察发现教材中典型句子的特点，总结句子扩写的方法，发挥教材课文的示范指导作用。

布鲁纳曾说过："学习的最好刺激，乃是对所学教材的兴趣。"统编版教材二年级上册中的内容语言丰富、有趣，符合学生学习的心理需求，能激发学生的学习兴趣。学生通过教师的指导，观察发现教材中有很多句子的表达规律，总结句子扩写的方法。例如：出示典型句子——（我们的）小区门口有（一棵）榕树，它好像（一把）（又高又大的）（绿色）太阳伞，一直打开着。先引导学生观察句子，发现句子中的主要要素"在什么地方+有什么东西+怎么样"，要想把句子写长，可以在"要素"前面加上一些修饰词、提示词接连起来，如："（谁）在哪里+有（多少）什么东西+怎么样（它像+多少+什么样的东西）"。这样一扩写，使原来的句子意思不变，但句子表达的内容更加形象、生动、具体，让人有种置身其中的感觉。

2. 妙用扩句要点，提供扩写支架

正所谓教学要走在学生发展的前面，这是教学的意义。指导学生写话时，

教师要充分考虑学生的最近发展区和学习语言的特点，研究能够帮助学生有效达成教学目的有效途径。句子扩写要有具体场景的观察，从单一维度到多维度扩写，用得好能够成为低段学生写话的学习支架。由于一、二年级的学生语言积累不够丰富，写句子喜欢快速、直白、简单、口语化，对写好句子缺乏方法等。可见，依据句子扩写的优势特点，指导学生有序地进行句子扩写，可以培养学生的语感和有序表达。诚然，妙用扩句要点，提供扩写支架，指导学生多维度进行扩写，是一个有趣有效的扩写途径。

（1）依句扩。

依句扩，指的是在原来的句子上扩写，这个要点一般在简单句中为多。简单句中只有主语+谓语，如句子"我上学了""老师在上课"。在指导学生扩写时，可以在原来句子的基础上加上修饰词"（什么样）的谁怎么样了""什么样的东西怎么样"。例如指导句子"小树在招手。"可以扩写成："（绿油油的）小树在招手。"也可以扩写成："（绿油油的）小树在（激动地）招手。"还可以扩写成"（绿油油的）小树在向我们（激动地）招手。"这样，学生在句子扩写训练的同时，有层次递进，达到目标的提升。可以体会到句子不断扩写，意思不变，但整个句子写长了，内容更具体、更生动。而且依据这个要点的扩写，既保证了学习层次较低的学生，也满足了学习层次高的学生的需求。同时还培养学生良好的语感，懂得正确规范地表达，学生学习有兴趣，有效果。

（2）依序扩。

依序扩，就是按顺序扩句。这个要点一般在看图写话的练习中较为常见。因此，在指导学生看图写话的时候，可注重引导学生结合图片和提示的问题"依序扩"。例如：出示一幅图——有一个妈妈拿着菜篮子过马路，孩子在后面拉着妈妈的衣服喊："妈妈，红灯！"依据图画出示问题：请仔细看图。图上的人在哪儿呢？他们在干什么呢？请大胆想象，用几句话写下来。老师在指导学生观察图时，先指导学生仔细观察图，再仔细看看提示的问题有哪些？根据提示先写句子，提示的问题大多都有明显的语序规律。只要从图画语言的角度，学生按照提示的问题写出相应的句子，再指导学生在原来句子的基础上进行扩写。这样，写话的内容就能保证语序正确，内容完整。

（3）多样扩。

多样扩，不同学生对同一原句的同一意义的不同扩写，即多种表述。这个要点一般在比喻句或拟人句中体现。在指导学生写话的过程中，可以充分利用修辞手法，指导学生句子扩写，如在部编版二年级下册教材课文"语文园地七"字词句运用教学中，出示三句话，先引导学生朗读、再仔细观察发现，这三个句子都是比喻句，句子中把两种不同却有着相同或相似特点的事物打比方，这样可以把句子写具体，写生动，写形象。如，句子"小柏树栽好了。"可以扩写成："一棵（碧绿碧绿的）小柏树栽好了，就（像解放军叔叔一样笔直地）站在那里。"当然还可以有多种表达，如也可以扩写成"一棵（碧绿碧绿的）小柏树栽好了，就（像解放军叔叔一样笔直地）站在那里，（非常神气）。"这样，显得更加具体和形象。

3. 活用例句仿写，专项指导扩写

美国心理学家怀特赫斯特和瓦斯特提出的选择性模仿说，认为儿童具有接受语言现象的能力时，会对这种语言进行选择性模仿。选择性模仿是对示范者语言结构的模仿，而不是对其具体内容的模仿，是把示范句的语法结构应用与新的情景以表达新的内容，或将模仿获得的结构重新组合，这样便产生了儿童自己的话语。

小学低年段学生喜欢模仿且模仿力强，在指导学生句子扩写时，可以借助经典的句式句型，如比喻句、带有关联词语的句子。这样既可以让学生积累原句，也可以指导学生照样子仿写句子，注意添加部分的内容是否恰当。如部编版语文二年级下册的教材课文中，出现很多比喻句仿写和其他句式的仿写。如句子："只有这只可怜的小蚂蚁，既不会唱，也不会跳，更不会飞。"我先引导学生读句子，发现其中的句式"既不会……也不会……更不会……"，然后再指导学生进行写法迁移。这类句子仿写的训练，更多是有利于句子扩写目的的达成，有利于学生对句子扩写方法的积累，帮助学生突破如何写好句子的困境。

当然，在小学低年段写话教学中，句子扩写是有效策略之一，相信还有其他科学、有趣有效的方法。由写好句子到写好段落，如何切实提高小学低年段

写话教学，值得我们一线教师不断探索和总结。总之，指导低年段学生写话能力的方法有很多，只要是科学、适切的方法，指导得当，学生感兴趣，写得愉悦，并能坚持不懈，定能指导学生写好句子，提高低年段学生的写话水平。

参考文献

［1］68所教学教科所.小学语文教材课内外知识大全［M］.长春：长春出版社，2015.

［2］教育部基础教育课程教材专家工作委员会.义务教育语文课程标准（2011年版）［S］.北京：高等教育出版社，2012（03）.

小学美术超轻黏土课程色彩教学探究

海口市海景学校 张玉秀

在美术课程标准实施的背景下，学校美术课程从学生全面发展的美育目标出发，开发了小学美术超轻黏土校本课程。超轻黏土是纸黏土的一种，是一种新型环保、无毒、自然风干的手工造型材料。超轻黏土易于捏塑，颜色丰富，混色容易，与其他材质的结合度高，是美术教育最佳素材。在超轻黏土校本课程的开发与深入实施进程中，开展了对超轻黏土课程色彩教学的系列探究。

一、在观察生活中培养学生的超轻黏土色彩素养

生活中处处都有色彩，教师建立在观察基础之上的色彩教学，才能真正培养学生的色彩素养。正如著名的雕塑大师罗丹说："生活中不是没有美，而是缺少发现美的眼睛。"超轻黏土色彩教学突出美术教学直观性的特点，以学生的年龄特征和心理特点为基础，培养学生在生活中观察发现色彩美的规律。

在用超轻黏土创作作品，通过超轻黏土自身丰富的色彩，直接表现生活中各种事物的色彩。例如在创作《各种各样的鞋》时，教师分类收集了不同款式的鞋，让学生观察分析鞋的色彩搭配。学生发现，男生的鞋颜色单一，女生的鞋色彩鲜艳。有些鞋设计师运用了深浅对比搭配，有的鞋运用了同类色的深浅搭配，显得柔和。学生在观察的基础上，再次创作，就会有目的地去运用黏土的色彩搭配。类似课例还有书包、文具盒、服装等与同学生活息息相关的课例。

学生的服饰通常色彩对比都比较鲜明，每个季节男生和女生的服装在色

彩上都会有明显的色彩特征,案例一:提前通知学生下节课要举办模特走秀活动。请同学们穿上自己最漂亮的衣服来上课。上课时儿童走秀特意区分男女生,并请学生运用学过的色彩知识去观察服装色彩的搭配。有些学生的服饰色泽鲜艳,运用了对比色。黏土的色彩对比这一知识点就涉及很多因素,如色相对比、明度对比、纯度对比、冷暖对比等。超轻黏土的色彩教学首先要解决色彩的明度对比和冷暖对比的应用,这样才能使学生把握黏土基本的色彩关系,使作品色彩丰富。

在超轻黏土的色彩要素中,明度是最基本的要素,作品没有黑白灰的对比就没有节奏感,因此,选定明度对比作为黏土色彩教学的重要知识点,从而逐步到色彩的纯度、色彩的冷暖、色彩的和谐。学生通过对生活的观察,系统学习了超轻黏土的色彩搭配,在创作时就会有意识地去运用色彩进行表现,培养了学生的色彩素养。

二、在观察自然中提高学生的超轻黏土色彩表现

人的大脑信息80%是来源于视觉观察,而观察在美术学习中不但伴随着思维与记忆的产生,而且是收集与储存缤纷生活,在自然观察中认知色彩,观察色彩的好习惯。利用自然资源培养冷暖或深浅的显著区别,能够激发儿童运用色彩表现的兴趣。

冬去春来,四季交替,自然环境非常适宜儿童观察色彩,学习色彩的运用。教师立足本土资源,采取了多种形式实施超轻黏土色彩教学。海南岛的四季虽不如北方那样分明,但细细观察,仍能发现自然中四季的特点。春天,一片万紫千红的花海。让人热情奔放的夏日,蔚蓝的大海,五颜六色的泳衣,各式各样的水上活动。秋天,稻田里金黄色的稻穗,与夕阳余晖相互辉映。冬天,在温泉区赏花加泡汤的人们。通过引导学生去观察感受自然中四季的变化,使学生发现自然界四季独有的色彩。在教学时,教师以四季的色彩变化为主题,引导学生学习色彩的基本规律,色彩的对比与调和是互相依存的,减弱对比就能出现调和效果达到色彩的和谐。在绘画中,如果选择同类色表现就会产生调和色调,如选择偏暖的黄、橙、红、等色来表现或选择偏冷的蓝、紫、

绿等色来创作，都能使色调和谐。画面色彩是否和谐，取决于不同色彩所占的面积和鲜灰程度。在开展黏土创作教学中，强化学生理性分析黏土的色彩来表现自然之美，激发用色彩表达本土自然环境的创作热情。这在美术学习中有着重要的作用。

三、在观察材料中提升学生超轻黏土色彩运用

超轻黏土最基本的颜色有24色，基本可以满足学生不同颜色的需求，但是随着学生年龄的增长，在创作时，学生开始感到基本色已经无法尽情表达自己的创意。帮助学生发展色彩潜能，使学生在超轻黏土实践中，以直觉感受为基础逐步学会判断和选择，正是色彩教学的目标之一。

1. 超轻黏土的混色法

首先用三原色红黄蓝，加上不同比例的黑色与白色就可以混合出上百种颜色。其次将两种以上不同颜色的黏土搭配到一起，即可调配出一种新的颜色。超轻黏土各种颜色的调色比例，也可根据具体需要自行调节黏土的搭配比例，调出自己喜爱的彩色黏土。每位学生都有自己的色彩喜好，有些学生喜欢明亮的色彩，有些学生喜欢较暗、灰的颜色。教师要把握好学生的心理特征及爱好，在一种颜色中逐步调入其他颜色，一直调到合适为止。年龄稍大的学生可以教他们一些调复色的简便方法如，用纯色加少量黑色或少量褐色可混合出各种复色等。

2. 轻黏土与多种材料结合法

学生黏土色彩教学一方面要注意培养和诱发学生自身的色彩潜能，另一方面要指导学生逐步认识如何将黏土与其他绘画材料结合，从而表现出丰富的色彩关系，使黏土作品产生美感。首先，用水彩或丙烯、指甲油等，在干燥定型的超轻黏土作品的表面上色。例如，表现苹果表皮上的纹理，花瓣的深浅变化等，使作品的色彩更具层次感。其次，利用超轻黏土与其他材质结合度高的特性，增强超轻黏土色彩表现的多样性。例如纸张、玻璃、金属、蕾丝、珠片、树枝等，自身都有色彩，将超轻黏土与多种材料结合表现，有利于学生作品的生动多样，学生的创作热情更加高涨。

总之，随着新课程改革的不断深入推进，美术课堂中学生的创作材料会多样而丰富，超轻黏土这一新型材料的色彩教学将遵循色彩的规律，结合色彩的知识，使学生超轻黏土的色彩创作，逐渐呈现专业化和系统化。

参考文献

［1］李琍.小学超轻黏土校本课程的开发及教学［J］.教育探究，2016（2）：3-3.

［2］杨景芝.美术教育与人的发展［J］.人民美术出版社，2018：224-225.

［3］杨力.义务教育《美术课程标准（2011年版）》解读［M］.北京：北京师范大学出版社，2012：88.

谈谈如何开展英语对话教学

海口市海景学校 郑小玉

中学英语外研版教材对话的内容很多也很长，可见它的分量很重，要求学生不仅要掌握英语知识，而且在加强基础知识和基本训练的同时，还更注重使基础知识转化为语言技能，并发展成运用英语进行交际的能力，以便适合社会对英语人才的需要。那要如何很好地进行对话教学，使之收到良好的效果？笔者带着这个问题进行了一番探讨，并在实际教学过程中进行尝试，在此浅谈自己的看法。

一、了解怎样教对话更有成效

我们只有充分地认识英语对话教学的重要性，才能更认真地更好地进行英语对话教学，以期收到良好的效果。当然，我们还必须掌握英语会话教学的基本方法及其基本原则。我认为英语对话教学应采用交际法进行教学。交际法教学的基本原则是：①模拟真实的实际情景，进行角色扮演；②要具有信息相差；③用语言来做事。具体来说：教对话时，教师应该尽可能把学生置于真实的交际情景中或模拟可能碰到的交际情景，进行角色扮演。要使课本中的对话材料具有信息差距，教师应对之做相应的改变，并尽量创造条件，制造和利用学生所知的情况的差距，让学生进行交际谈话。用语言来做事情，就是应训练学生用英语一问一答来进行日常交际，把语言用于生活中，让语言变得有生命。

141

二、对话教学中应注意的问题

1. 注意树立学生的自信心

随着年龄的增长，青春期的学生喜欢在课堂静静地听课，很少主动回答教师的问题。因此我们应千方百计地树立学生的自信心，让他们克服害羞现象。对学生交谈中的语言错误，不忙于纠正，听到学生讲错时，教师不可表现急躁，应多鼓励，少责备。即使学生羞于开口，教师也应以鼓励为主，循循善诱。否则，学生会吓得以后不敢开口，失去学习英语的兴趣。针对篇幅较长的对话，在课堂教学过程中，教师要化繁为简，由易到难，无论学生说的好与不好都要给予鼓励。

2. 形式上要多样化，增加说的机会

一节课只有40分钟，班级的人数又多，教师不可能让每个人都站起来说。因此，在组织对话的形式上应采取多样化。即全班、行列、小组、双人、单独等形式。只要教师适时、合理地选择组织方式都有助于形成活跃气氛，调动学生的积极性。而分小组进行对话提供了大量学生交流的平台，人人都有说的机会，让他们主动参与到学习中来，不再是被动地接受，他们对学习也不会再感到害怕、害羞，认为学习是相互的，而不是孤军奋战。在交流的过程中，他们也能够认识了自我，认识了别人，得到了自我肯定，并能取长补短，学得不亦乐乎。

三、营造外语氛围，使学生敢说，乐说

假设我们的学生是在美国学英语，那么不出两年，我想他们绝大多数人都能说上一口流利的英语。学习语言一定要有语言环境才能学得好，然而我们的母语不是英语，学生学习英语是在汉语的环境里进行。没有英语环境，教师就要有意识地创造英语环境。

在给初一年级新生的第一堂课上，我一站在讲台上便微笑地用英语对他们说："Good morning, boys and girls. I'm your English teacher. My name is Zheng Xiaoyu. Nice to meet you. You can call me Mrs Zheng. May I know your name? What's your name, please？"听着这陌生的语言，学生们睁大好奇的眼睛。我让他们每人学着我向老师、同桌或全班同学做自我介绍及问好。教室里的气氛一下子活跃了起来，同学们怀着好奇、新鲜的心情用刚学会的几句英语相互做自我介绍及问好。他们觉得开学的第一节课就会用简单的英语互相介绍问好，太让人兴奋了。接下来我给学生每个人都起一个英文名字，我认为每个同学有个英文名字，在课堂上称呼起来便能增加一点"洋味"，使学生更能置身于一种英语味的环境气氛中，久而久之可起到耳濡目染的效果。每逢节假日，我都及时在当天的课上把节假日的英语名称介绍给他们，并讲解一些有关某节日的由来。如圣诞节，我给他们介绍了有关圣诞节的名称后，拿出事先买来的圣诞老人、圣诞树、天使等图片一起装饰教室，并教他们唱圣诞歌，如：We wish you a merry Christmas.我还要求他们自制圣诞卡，在卡片里用英语写上我教他们的祝愿语，送给班里的同学，并用英语送上他们最真诚的祝福。这些活动对于初一的学生来说充满了趣味性，他们做得不亦乐乎，学得乐此不疲。

四、利用多种教学手段实行对话教学

学生的学习兴趣往往跟教师教学的生动性和启发性有密切关系。对于初中的学生应运用学生喜欢的直观教学手段（如图片、实物、课件、听录音、看录像等多种方式）进行课堂教学，激发兴趣，寓教于乐。

如上外研版教材七年级上册Module 4 Healthy food最后一节复习课时，这节课里没有一个新单词，没有一个新句型，如何使旧内容上得有新意，既起到复习巩固作用，又不使学生感到乏味呢？我是这样组织这堂课的：首先利用图片复习所学过的有关食物的名词，一边复习一边按可数名词与不可数名词分类把图片贴在黑板上，让学生看黑板上的图对话，"Hello, ×××, Have you got ... ? Yes, I have. / No, I haven't. What about you? Has he/she got ... ? Yes, he/she has. No, he/she hasn't."学生可以在教室里走动，互相做对话。然后拿出事先准备好的装有各种食物实物的大袋子放在讲台上，说："Hello, boys and girls. Look here, please. There is something to drink and something to eat in my bag. Guess, what is in my bag？"学生的好奇心一下子被激发起来，他们争先恐后，非常踊跃。猜完后，我指着讲台上的食物问学生："What do you like for breakfast? What do you like for lunch? What do you like for dinner?"学生们都会用句型"For breakfast, I like...For lunch, I like...For dinner, I like..." 来回答。然后让学生以小组的形式采访组成员，了解他们一天三餐都喜欢吃什么，最后每个组请一个代表向全班报告他们组成员的三餐喜爱，并评出优秀组。接着，我播放一段饭店对话的录像，并提问："Mr Black is hungry, he likes something to eat/drink, so he goes to a restaurant to eat lunch. What does he like for lunch?"熟悉对话后，我关掉录像的声音，让学生看着画面充当配音演员。本堂课的最后，我把教室当作饭店，学生的课桌当饭桌，用我带来的食物当饭店"食谱"，有些学生扮演"服务员"，有些扮演"顾客"进行"用餐"情景对话，并要求双方都尽量用学过的各种就餐用语和礼貌用语。如；Good morning. Can I help you? What do you like to eat/drink? Do you like ... ? 等等。

以上这节课我运用多种教学手段进行教学，引起了学生浓厚的兴趣，充分调动他们的各种感官参与教学活动，使学生仿佛进入了语言活动的真实情景，收到了很强的教学效果。

五、改变对话内容的形式

现在的学生都喜欢听歌唱歌，说绕口令和念小韵文，教师可以根据学生的爱好兴趣将对话内容改编成歌曲、绕口令和小韵文的形式来进行教学，因为在英语教学中融入歌曲、绕口令和小韵文为一体，有助于学生理解对话，有助于激发他们的学习兴趣，使他们自然而然地全身心投入到学习英语中来。如上外研版教材七年级下册Module2 What can you do?时，我将这单元的主要对话句型：What can you do? I can cook. Can you sing a song? Yes,I can./No,I can't.What can he do? He can play the piano. Can he play the guitar? Yes,he can./No,he can't.What can she do? She can dance. Can she speak English? Yes,she can./No, she can't.改成歌谣的形式教学生唱，他们觉得很有意思，久而久之他们便能脱口而出这些句型，不再认为英语课无聊了，也喜欢上了英语课。

我校是一所普通的学校，生源差，知识起点低，所以在平时的对话教学中就是得用以上方法进行英语对话教学。我利用当天所教的课文对话材料根据学生的实际情况和现有的水平来精心设计每一堂课的对话教学。这样既能提高学生运用语言的能力，又能激发他们学习英语的积极性，还能活跃课堂气氛，同时也能收到良好的教学效果。

导学案中学习目标的细化研究

海口市海景学校 周丽娜

随着课程改革的深入，为了更好地引导学生自主学习和建构知识能力，导学案应运而生。作为一个沟通"学"与"教"的桥梁，导学案具有"导"和"学"的功能。"导"的功能中，学习目标是最重要的一个环节。学习目标是一节课的灵魂，所有的教学活动都是围绕着学习目标展开的。因此，如果学习目标的设定出现了偏差，将会导致整节课低效甚至无效，这个导学案也就无法体现"导"和"学"的功能了。导学案是教师编写的，所以不自觉地就会有教案的影子。在由教学目标向学习目标转化的过程中，很多老师没有意识到学习目标的重要性，经常出现一些误区。笔者将从学习目标设计存在的误区和解决策略两个方面进行阐述。

一、学习目标设计存在的问题

1. 误把教学目标当成学习目标

我们在导学案中经常能看见这样的表述："使学生……""培养学生……""教会学生……"这是很明显的教学目标中常用的语句，教学目标是教学设计或者教案中的一个环节，教学设计或者教案的使用者是教师。而学习目标是导学案的一个环节，导学案的使用者主要是学生，学习目标是给学生看的，主要让学生明确本节课的目标，进而围绕目标进行学习。使用主体发生变化，那么在表述上也要发生变化才能体现对学生的激励性。可以将"使学生……"换成

"我知道……"；"培养学生……"换成"我能……"；"教会学生……"换成"我会……"。

2. 误把目的当目标

把教育方针或者教育目的或者课程标准当成课时学习目标。比如：让学生全面发展；培养积极乐观的态度、勇于克服困难的精神和团队意识；培养学生自主、合作、探究学习的能力；提高学生计算能力等等。这些是我们的最终目的，是不可能在一节课中体现出来的，写到学习目标中，只会让学生茫然。教师在设计导学案的时候，可以通过各种方式渗透在教学的各个环节中，最终达到这些目的，而不是写在学习目标中，让学生感到茫然。

3. 目标中行为动词指向不明确

《义务教育数学课程标准（2011年版）》中指出，数学课程目标包括结果目标和过程目标，结果目标使用"了解""理解""掌握""运用"等行为动词表述，过程目标使用"经历""体验""探索"等行为动词表述。这些也是我们以前的教学设计和教参中常用的，但是作为学习目标，这些行为动词缺乏质和量的具体规定性，评价时难以操作，学生也不知道要达到什么程度才算是达成目标。比如："了解"，到什么程度才算是了解？课程标准中要求的"了解"内容，需要我们教师根据教材内容、学情、教材的前后联系再进一步解读，给学生具体的、可达成的目标。可以将"了解"替换成"举例""复述""背诵""辨认"等词语。

4. 目标设计缺少层次性，只注重知识技能

学生在预习时，要通过学习目标明确本节课的学习任务，找出重点和难点。如果学习目标的设计只注重知识技能，会让自学能力差的学生失去方向，不知道该从哪里学起，学习目标的导向性能就不明显了。

华东师大版数学教材七年级上册第八章《解一元一次不等式》这一课的学习目标：

（1）知道一元一次不等式的概念。

（2）说出解一元一次不等式的步骤。

（3）会用数轴表示不等式的解集。

很显然，这个例子中的目标只注重了对知识的了解和理解层面上的单一维度，不符合三维目标的设计要求，也不能体现数学的核心素养。

二、设计学习目标的三个策略

1.高站位整体把握教材定目标

《义务教育数学课程标准（2011年版）》中指出，义务教育阶段数学课程目标要从知识技能、数学思考、问题解决、情感态度四个方面加以阐述。知识技能和问题解决是显性目标，数学思考和情感态度是隐性目标。新课程改革要求教师要培养学生的数学核心素养。因此教师在制定学习目标之前要关注国家课程改革中的信息，结合课程标准、教材、学情，还要将不同年龄段的学生心理特点考虑进去。学习目标是制定给学生看的，是要给学生一个方向，因此在制定目标的时候更要高站位整体规划，再具体到课时导学案中，逐字逐句斟酌用词。显性目标中可以根据学生情况设计有明确的方法指导，写在导学案的学习目标中，隐性目标是教师课堂要培养和关注的，不需要写在导学案的学习目标中，教师可以在自己的教案中体现，落实在课上的每一个环节中。数学思考和情感态度是贯穿在整个课堂中的。

布鲁姆将教育目标分为三大领域——认知领域、情感领域和动作技能领域。我们过去使用的三维目标——知识与技能、过程与方法、情感态度与价值观。我觉得不论是布鲁姆的三大领域还是三维目标，都不能割裂开单独实现，在认知领域就可以渗透情感和技能在其中，三维目标也不能有明显的界限。目标的制定还要清楚本节内容在整个数学知识体系中的作用，学生已有的知识铺垫、学生后续学习时本节内容有什么作用。

华东师大版数学教材七年级上册第八章《解一元一次不等式》这一课的学习目标

最初的学习目标：

知识与技能目标：

（1）知道一元一次不等式的概念。

（2）说出解一元一次不等式的步骤。

（3）会用数轴表示不等式的解集。

过程与方法目标：

体会类比、化归、归纳、数形结合的思想方法。

情感态度与价值观：

体会数学的美。

这样的目标是将课程目标与学习目标混淆，将过程与方法、情感态度与价值观从知识与技能中剥离，为了写三维目标而写目标。给学生的感觉是目标很多，类比、化归、归纳、数形结合是在什么地方体现的？怎么体现的？数学的美又在哪里？学生说我只看到枯燥的符号和一堆看不懂的文字。知识的前挂和后连没有体现。

修改后的学习目标：

（1）类比一元一次方程的概念复述出一元一次不等式的概念。

（2）归纳解一元一次不等式的步骤。

（3）体会数轴上的点与不等式的解集之间的关系。

一元一次不等式是在学习了一元一次方程的基础上继续研究不等关系，和一元一次方程的研究方法类似，用数轴表示不等式的解集在解不等式组中会用到，高中集合的运算和求一元二次不等式（组）的解集中都要用到这个方法。修改后的目标只有三条，简单明了，而且将知识的前挂明确写在目标中，也是一个方法的指导。后连不需要在学习目标中写出，教师自己清楚它的作用，可以选择根据学情合理删减。将过程与方法和情感态度融入知识目标中，学生类比的时候也有了方向。数学的美是仁者见仁智者见智，对于初中生来说，在一元一次不等式中体会数学的美还是很困难的。所以就没有必要在学习目标中写出来，教师可以在课堂上让学生举例说说生活中的不等关系有哪些，感受在生活中不等关系的普遍存在性。体会数学来源于生活，而不是用一句体会数学的美来达到情感目标。

2. 以学生为主体，按学情量体裁衣定目标

帮助孩子定目标时，我们常对她说："目标不要太高，要符合你自身的现状而定。"那么我们在制定学习目标的时候是否考虑到学生的学情了呢？学习

目标不能千篇一律，按照固定的统一标准来制定，要考虑到每个班级学生个体的差异，知识内容相同，但是学习的方法熟悉学生的学情是制定学习目标的首要条件。基础差的班级可以在目标制定上加大方法指导的力度，目标中可以有很具体的达成方法。在导学案中的课前导学部分再配以具体问题的引导，让学生在自学时有方向，看课本时有思考，有疑问，带着问题进课堂。基础好的班级就可以在培养逻辑思维能力方面下功夫，鼓励学生自主选择达到目标的方法。

华东师大版数学教材八年级下册第十七章《反比例函数》这一课的学习目标

基础差的班级制定的学习目标：

（1）我能根据具体例子归纳出反比例函数的概念。

（2）我通过和正比例函数、一次函数比较，知道反比例函数的研究步骤。

（3）我会用待定系数法求反比例函数的表达式。

基础好的班级制定的学习目标：

（1）我能归纳出反比例函数的概念，并能举出反比例函数的例子。

（2）我知道反比例函数的研究步骤。

（3）我会求反比例函数的表达式。

基础差的班级目标中有具体方法的指导，让学生有个学习的方向。而基础好的班级省略了方法的指导，可以让孩子们自己思考达成目标所用的方法，得到能力的提升，培养数学的核心素养。

3. 研读课标，分解课标定目标

数学课程标准中的"了解""理解""掌握""运用"是对知识要求的四个不同程度。作为教师的我们很清楚四个词语的难易程度，但是对于学生来说，这四个词语的概括性太强、范围太广了。尤其是"理解"一词，每个人的理解可以有不同的方式。格兰特·威金斯和杰伊·麦克泰格在《追求理解的教学设计》一书中将具有多维性和复杂性的"理解"概括和界定为解释、阐明、应用、洞察、神入、自知六个侧面，对设计学习目标具有很好的参考价值。我们要成为一个培养学生用表现展示理解能力的指导者，而不是那个将自己的理解告知学生的讲解者。理解的核心是表现性能力，理解意味着能够智慧地和有效地应用与迁移——在实际的任务和环境中，有效地运用知识和技能。

"能听懂课，不会解题"的原因分析与建议

海口市海景学校　周丽娜

数学是研究现实中数量关系和空间形式的科学，数学是普通高级中学的一门主要课程，它是学习物理、化学、计算机等学科的基础，它的内容、思想、方法和语言已成为现代文化的重要组成部分。因此，学生在中学阶段必须学好数学，而要学好数学，听懂数学课是前提，掌握数学的基本知识，解题的基本方法和基本技能是根本，所有这些，最终都要落实到让学生会解数学题上来。然而，很多学生反映："能听懂课，就是不会解题。"这是目前中学生存在的一个普遍问题。为了探索这个问题，我通过对学生的调查发现，主要是以下几个方面的原因。

一、教的方面

调查表明：学生"能听懂课，不会解题"的部分原因反映在老师的备、教、辅、改、考等各个环节。目前还有一些老师在讲课时，采取灌的方式，往往是老师主动地讲，学生被动地听，老师把所有的步骤、思路都讲出来了，其实学生根本不知道为什么要这样想、为什么会想到这方面去，学生所谓的"听懂"只是老师具体的解题步骤，而不是解题的思维方法，学生没有主动地参与到学习的活动中，当然谈不上运用知识解题了。还有部分老师不能公平地对待每一个学生，甚至偏爱部分学生，这样会响大多数学生上课时的听课兴趣和课后的学习情绪。造成学生因为不喜欢老师而不喜欢这个科目的现象发生。具体

体现在以下几个方面。

（1）备课不备学生，不了解学生具体情况。对学生的基础与能力估计过高。

（2）教师在讲课分析和解题的指导上不得法，不能因材施教。

有学生说："老师在上课、解题时好像讲得头头是道，可是没有想到我们却听得头晕脑涨，听也听不懂，结果只是老师懂、会解题，一旦自己动手就不知道从何处着手了。有时听课就像听'天书'，老师只是'表演'，'唱独角戏'，不站在学生的角度，只拿自己的观点去解释和理解问题。讲解例题时分析不到位，使我们在学习过程中'只知其然，而不知其所以然'。"

（3）老师没有给学生施加压力，不能及时督促学生完成学习任务。

（4）老师辅导不到位，布置的作业检查不落实、训练题的针对性不强，不能起到巩固知识的作用。

（5）有些教师的责任心不强，教学水平不太高，管教不管学。

（6）有偏爱学生的现象，影响大多数学生的学习情绪。

二、学的方面

学生方面的原因主要反映在预习、听课、作业、复习各个环节。一是学习的主动性、计划性不强，所学知识一知半解。二是缺少学习方法，没有勤学好问、预习和复习的良好习惯。三是对解题的目的不明确，缺乏学习数学的兴趣。具体来说有以下几种情况。

1. 课前不预习，被动听课

预习是听好课的前提，虽然不预习也能听懂课，但预习后才能做到有的放矢，根据自己的情况有选择地听，不会把所有的时间和精力浪费在整节课上，被老师"牵着鼻子走"，打无准备之仗。

2. 听课时精力不集中，缺乏思考

听课是学生学习的关键环节，教材和课堂是学生获得知识和能力的主要来源。既不预习又不认真听课就失去了解数学题的基础。有学生说："不知为什么，我上课精力无法集中，大脑一片空白。听课时身在教室心在外，只好找本课外书籍来消磨时间。"

3. 作业时没有认识到作业是巩固所学知识的重要手段

很多学生存在这样的问题，老师讲课时只是表面上的接受，而没有仔细思考，认真领会；课堂练习的时间少，做作业急于完成任务，没有认识到做好作业对巩固所学知识的重要性。学生在做作业、解题时，往往只满足于问题的答案，对于推理、计算的严密性、解法的简捷性和合理性不够重视，把作业当成负担。没有认识到作业是复习现固所学知识的必要，这也是学生"能听懂课，不会解题"的一个主要原因之一。

4. 不懂装懂，缺乏学习的兴趣和动力

学生能"听得懂课，不会解题"的原因，是对"懂"的理解上有误，有的学生的懂只是懂得了解题的每一步，是在老师讲解下的懂，自己想不到的地方，老师讲课时有提示、有引导，能想起来，认为自己懂了。同样的问题，没有老师的提示，就不能想起来，说明学生的"懂"不是真"懂"，爱面子，不愿说不懂；看老师的面子，不敢说不懂，久而久之，问题堆积如山，学习兴趣也就淡化甚至消失了。学过的知识不会运用，甚至作业也不能独立地完成。调查发现有57％的同学都存在这种问题，是老师教的问题还是学生学的问题？应该说是兼而有之。

5. 不能及时复习巩固，几乎是学过即忘

根据一百多年前德国艾宾浩斯研究的遗忘曲线可以知道，在接触新知识的最初阶段是忘得最快的。因此，在此期间就应及时复习。否则学过即忘。以至于看到题目就产生畏惧感，不愿解题，对课本的基本知识、定理、定律熟练程度不够，成绩也就自然不能提高。

6. 对老师的依赖性太强，上课不记笔记，消极听课

在调查的过程中发现，很多学生对老师有很强的依赖性，课本、资料上的习题从不主动解答，等待老师讲解，对自己不负责任，学习上的消极情绪严重。有位学生说："我就是这样的，上课不记笔记，老师讲课时只管听，且听得头头是道，课后却找不着方向，原以为听懂了就记住了，没有把知识变成自己的，时间稍久就忘得一干二净。"

三、其他方面

（1）课程设置得太多，学习任务重，没有预习和复习巩固的时间。

（2）休息时间不够，得不到应有的休息。

（3）教材与资料的配备不相符，教材上的习题会做，但对资料上的习题根本不管用。

针对上面的三个方面原因，要想改变学生"能听懂课，就是不会解题"的现象，还要从以下三个方面入手。

1. 从"教法"方面想办法

（1）改变教育理念、改进教学方法和教学模式，因材施教。

第一，新课程改革的基本要求就是改变教与学的方式，改变以往教师"灌"的方式，尝试多种教学模式，使学生的学习由被动学习转变为自主学习，由单一学习转变为合作学习，由被动学习转变为探究学习。第二，改变观念，耐心帮助那些数学天分稍差的学生学好数学，因材施教。在教学方法上可采取谈话式、探究式、讲练结合、个案教学及多媒体辅助教学等方式，让学生有更多的机会参与数学学习，学生提出的疑问，及时给予答疑解惑，并加以肯定和鼓励。第三，老师教学的难点是教会那些学了还是不会的学生。要适当降低要求，实行分层次教学，选一些他们自己能独立解答的题目，让他们也有能体验成功喜悦的机会，俗话说：要知道梨子的滋味就得亲口尝一尝。鼓励学生自己动手，积极主动地参与、思考、探索。用自己的爱心、细心、耐心树立学生的信心，激发学生学习数学的兴趣。

（2）努力提高教师自身的素质和水平，加强责任心。

教师在整个教学过程中，始终要以自身丰富的知识、修养、素养打动学生，为人师表，"给学生一碗水，自己要有一桶水"说的就是这个道理。老师要不断学习，努力提高自己的知识水平和师德修养，用自己的爱心关心体贴学生；用自己的细心观察研究学生；用自己的知识启迪学生；用自己的素养影响打动学生；用自己的耐心引导督促学生。加强责任心，真正让自己从事的工作成为太阳底下最光解的事业。

（3）加强对学生学习方法的指导，培养学生学习数学的兴趣。

教师在教学中要引导他们像蜜蜂"采蜜式"的学习，博采百家之花而酿己之蜜，经过消化咀嚼，使知识积少成多。同时注重培养学生学习数学的兴趣，其实数理化、尤其是数学，学起来挺有意思的。当终于会自己独立地用几种方法解同一道题，当一个问题终于恍然大悟时，真是很有成就感。要让学生体验到学数学的无穷快乐，并把所学得的知识转化为能力。

（4）教会学生学习，在解题上正确引导学生，注重培养学生创新能力。

教师要教会学生学习，教学不仅仅是要研究教学中"教"的规律，还要研究学生"学"的规律。在教学中我总结出几个对策，我让学生自己做一遍例题，然后问自己几个为什么。

为什么自己这么思考？条件结论换一下行吗？有其他结论吗？我能得到什么样的解题规律？此题的知识点我是否熟悉了？解这个题我用了什么思维方法？对学生而言，学习要经历"懂""会""悟"这三个层次，即理解、模仿、领悟。对教师而言，要促进学生向高层次、创新方向发展。

（5）关心爱护学生，面向全体学生。

老师要关心每一个学生，不能偏爱个别少数学生，公平地对待每一个学生，特别是所谓"差生"。偏爱个别少数学生会引起大多数学生的反感，不利于教学。一个学者调查了世界上400名杰出人物，其中60％在校学习时为"差生"，如爱因斯坦、爱迪生、牛顿、毕加索、达尔文、瓦特、居里、拜伦、拿破仑、丘吉尔、巴尔扎克、雨果，以及被恩格斯称为"所有时代最有学问的人物之一"的黑格尔等，他们都是在学校时的差生。"差生"智商都不低，精力充沛，接受能力强，只不过是他们的注意力不在学习上，转移到了其他方面，形成了知识上的断层，沦为"差生"。实践证明，他们一旦被激发，经调控将知识沟通、入了路，学习上就会有一个很大的飞跃。陶行知先生有句名言："你的教鞭下有瓦特，你的冷眼中有牛顿，你的讥笑中有爱迪生。"教师要看到他们的优点，发现其闪光点。给予学生真爱，不抛弃"差生"，也不压制"精英"，做好培优、帮差、促中的工作。

2. 从"学法"方面找出路

教学是一个师生的双边活动，老师是外因，是变化的条件，学生才是内因，才是变化的根据。要学好数学，只有调动学生学习的主观能动性，在学生的"学法"上找出路，才能从根本上解决"能听懂课，不会解题"的问题。

（1）加强学习的主动性，在时间上要挤和钻，养成预习的好习惯。

学习要有自主性，不要一味依赖教师，有一个适合自己的切实可行的学习计划，学习的功课多，学习任务重，所以时间要合理地安排。除了完成复习任务外，还要力争抽出一点时间进行预习，做到心中有数，为听好教师讲课准备。

（2）勤学好问，虚心向教师请教，向同学学习，自觉培养学习数学的兴趣。

有问题就问，就算这个问题对大家来说都很简单，但你不懂就要问，可能这种问题教师不会喜欢，但对你来说却很重要。经常提问，还可以使自己从怕问、不会问到想问、善于问。问教师、问同学、问懂这个问题的人，总之，每解决一个问题，你就有一分收获，你就有一个进步，你也会有一个好心情，你就会发现学数学原来是一件很愉快的事，也会为自己学习数学种下"兴趣"的种子。

（3）牢牢抓住听课这一重要环节，真正听懂课。

上课时听懂学习内容是学好数学的关键。课堂上不仅要认真听，积极思考，多问几个为什么，而且重点内容、方法、技巧要记住，即使一时不能记住也要做好笔记，以备复习时再用。总之，要注重听课的环节，真正听清楚想明白，把知识融会贯通，这样才能做到事半功倍，为解题奠定坚实的基础。

（4）课堂、课后积极参与数学学习活动，独立完成学习任务，养成自觉复习的好习惯。

课堂、课后要积极参与数学活动：独立完成作业；复习所学过的内容、方法、技巧；阅读与学习内容有关的资料；解一些相应类型的习题。以达到巩固知识的目的。数学是要靠积累的，前面的知识就是后面的基础。如果实在记不住，就要常常温习，等到很熟的时候，自然熟能"生巧"，也就能自己解决问题了。大多数学生认为自己能听懂，就算学会了，就放弃了复习巩固，做题时，就出现懂而不会的情况。这种情况很普遍、很正常。

3. 编制校本教辅材料

针对教材与资料的配备不相符问题，建议各个学校可以根据自己学生的情况，组织科组老师编写适合的校本练习册，方便学生使用。在全国推进新一轮国家基础教育课程改革实施之际，对新的教材与学生新的学习方式的研究与探讨，显得十分迫切与必要。只有充分发挥数学教育的功能，全面提高年轻一代的数学素养，每一位数学教师才能为提高全民族素质，造就一代高质量的新型人才贡献自己的一分力量。

参考文献

[1] 中华人民共和国教育部制定. 义务教育数学课程标准（2011年版）[S]. 北京：北京师范大学出版社，2012.

[2] 李道仁，学会学习 [M]. 西安：陕西人民教育出版社，1993.

[3] 蒋敦杰，杨四耕. 高中数学新课程理念与实施 [M]. 海口：海南出版社，2005.

以思维导图为载体的"三步四查"
学习模式探究

海口市海景学校　周丽娜

一、初中数学课堂学习模式变革的必要性

2014年，教育部印发的《关于全面深化课程改革落实立德树人根本任务的意见》指出："把核心素养落实到学科教学中，促进学生全面而有个性的发展。"初中阶段的数学知识开始趋向于抽象的概念、公式、定理，且知识点之间的联系密切很多。初中生在数学学习中有两大问题，一是想不想学的问题，二是会不会学的问题。我认为想不想学的问题不能全部划到德育范畴，想不想学也可以解释为学习的内动力。学习的内动力与好奇心、成就感和创造性有关。思维导图为载体的"三步四查"学习模式中，课前绘图给学生提供了发挥好奇心的机会，课中展示给学生创造了满足成就感的条件，课后整理给学生铺设了发挥创造性的机会。

解决了想不想学的问题之后，就要考虑怎样解决会不会学的问题。思维导图为载体的"三步四查"学习模式依托导学案，学习目标的制定指向明确具体，学生根据学习目标绘制思维导图的分支，明确本节课的学习内容，学习方法和需要达到的标准。在参考了学生的课前思维导图完成情况之后，教师可以有策略地改变课堂教学内容，根据不同班级的情况和学情做到有的放矢，使分层教学有据可循。

学习力的诸多要素中，思维能力是核心要素，思维本身看不到，但是当学生将自己的学习结果以思维导图的形式呈现出来时，就给学生和老师架起了一座沟通的桥梁，将学生的思维可视化。借助思维导图的分支有助于学生建立知识框架，明白类似概念之间的区别和联系，进而掌握同类问题的研究方法，提高学生的系统思维能力，增强把书本由厚变薄的本领和结构记忆的能力。

以思维导图为载体的"三步四查"学习模式对于改变数学内容的处理方式和呈现方式、激发学生的学习兴趣和思维品质有很好的促进作用。

二、思维导图为载体的"三步四查"学习模式

1. 课前自学，"一步一查"

传统的预习是给学生任务，但是检查学生完成的情况只能体现在概念的背诵、解题的完成情况上。很难看到学生的思考。以思维导图为载体的预习就可以让教师看到学生的思维过程和思维结果。教师根据课程标准、教材内容和学生学情设计的学习目标和课前导学问题，贴近学生的实际情况，概括了本节课的主要知识点和学习方法，学生根据学习目标和本节课的主要内容绘制一个思维导图。绘制思维导图的基本要求是：思维导图的中心是章节标题，分支是本节课的主要内容，已经掌握的和没有掌握的用不同颜色的线条或者图形自己标注。不同层次的学生思考深度会有差别，所以在完成基本要求之后鼓励学生学会联想知识点之间的前后联系，将新知划归到旧知中，将本节课可能用到的相关旧知复习巩固，探究本节知识点在后续的作用，观察生活中本节知识的应用情况，学会深度思考。以上是以思维导图为载体的"一步一查"。以思维导图作为载体，课前绘图激发了学生的好奇心，让学生有了想学数学的冲动。这个模式的预习落实了《海口市课堂教学指导意见》中的"先学后教"方针。以下是我在教授华东师大版七年级下册《解一元一次不等式》一节课例的部分内容。

学习目标

（1）我可以复述一元一次不等式的概念。

（2）我会类比解一元一次方程的步骤来探索解一元一次不等式的步骤。

（3）我会解一元一次不等式，能将解集在数轴上表示。

课前导学

自学课本P$_{58}$~P$_{60}$，思考下列问题：

（1）一元一次不等式的特点是什么？一元一次方程与一元一次不等式有什么不同？

（2）如何解一元一次方程？解一元一次不等式与解一元一次方程有哪些类似之处？

（3）在数轴上表示不等式要注意什么？

我的专属思维导图。

2. 课中完善，"二步二查"

新课程改革要求将课堂还给学生，课堂上要以学生为主体，于是课堂上就多出了很多学生讲解的画面，但是我认为如果只是学生来解题、讲题，不能真正地体现以学生为主体，培养学生数学核心素养的作用。以学生为主体还可以体现在课堂要解决学生的思维误区、提高思维能力。针对不同层次的学生有不同高度的要求，达到每个孩子都有收获。课前绘制的思维导图架起了学生和老师之间思维沟通的桥梁，老师根据学生的思维导图适当调整课堂内容，学生带着思考的问题有目标地听课，这才是真正地以学生为主体，教师是为学生服务的。学生根据教师的讲解继续完善课前做的思维导图，加入自己听课后的思考、分析和理解，完成第二步的自查。同时借助图形、色彩和其他符号快速记忆，刺激大脑联想、思考的欲望。课中导学的第一个环节是小组展示，由小组派代表展示课前导学的问题，整合小组绘制的思维导图，讲解本节的主要内容。展示的同学（或小组成员）接受同学的评价和提问，引发深度的思考。对学生集中反映的难点问题，采取教师讲解后再小组群学的模式。教师的板书设计成一个思维导图的形式，和学生课前的思维导图相呼应，便于思维能力差的学生整理和补充完善自己的课前思维导图。这个环节很好地体现了《海口市课堂教学指导意见》中的"积极展示"和"合作学习"方针。下面是我在教授华东师大版七年级下册《解一元一次不等式》课例的板书设计和学生的"二步二查"。

课中导学

小组展示课前导学1、2、3和思维导图

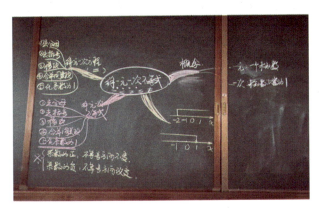

图1 教师课上的板书

3. 课后整理，"三步三查和四查"

一节课结束后，学生独自或者和小组同伴一起整理本节课的思维导图，将知识点再重新回顾，整理。完成"三步三查"。一个单元结束后，整理单元思维导图，将之前绘制的一个个思维导图重新概括整理，完成一个章节的思维导图，树状图的好处就是可以随意增加分支，而且主要知识点非常醒目。这样就可以及时将新学知识归入已有知识体系，主动地进行知识建构，形成自己的数学知识网。完成第三步的四查。此为"三步三查"和"三步四查"。以思维导图为载体的"三步四查"学习模式有利于学生打开思维，创造属于自己的认知体系，增强了对数学知识的感知和理解，进而提高学生的创造性思维能力，提升数学核心素养。下面是学生的"三步三查"和"三步四查"之后的思维导图。

三、思维导图为载体的"三步四查"学习模式的意义

以思维导图为载体的"三步四查"学习模式是为了解决我校学生想不想学和会不会学的两大问题而进行的尝试，在实施的过程中，发现学生积极性很高，图片中的学生在尝试以思维导图为载体的"三步四查"学习模式之前很讨厌数学，她认为数学要背公式，要进行枯燥的计算，一点想学的兴趣都没有。

经过半个学期的尝试，她已经深深地喜欢上了数学课。成绩也由之前的50分提升到90分。思维能力和表达能力都有很大进步，已经可以独立分析一个题目数学含义。经过一个学期的实践，学生的数学抽象思想、化归思想、模型思想在慢慢形成，指向数学核心素养培养的学习模式也在逐渐形成并推广。

参考文献

［1］杨艳君.思维导图——中学生学习方法导航图［M］.北京：北京大学音像出版社，2012：66-67.

［2］赵国庆，黄荣怀，陆志坚.知识可视化的理论与方法［J］.开放教育研究，2005（1）：23-27.

［3］［英］东尼·博赞.思维导图——放射性思维［M］.李斯，译.北京：作家出版社，1998.

［4］中华人民共和国教育部制定，义务教育数学课程标准（2011年版）［S］.北京：北京师范大学出版社，2012.

培养初中生责任感的策略研究

海口市海景学校 朱小妹

一、初中生责任感的现状

责任感是个人对社会奉献的意识，包括对自己、他人、家庭、集体、社会和国家主动施以积极作用的精神，而初中生责任感强调的是在初中学习阶段，学生在承担自我、家庭、集体、社会责任时，产生的情感体验。目前初中生责任感的现状情况如下：从自我责任感角度而言，对社会主义主人翁的意识不强烈，没有自觉地承担起自我责任；从家庭责任感角度而言，整体的责任感意识和行为不显著，表现在部分学生在家庭中不主动承担家务，存在容易向父母发脾气的现象；从学习责任感角度而言，部分学生对自身学习没有引起高度的重视，常出现上课不专心听讲、学习任务完成得拖沓、敷衍、扰乱班级秩序等情况；从社会责任感角度而言，缺乏服务社会、奉献社会的意识和行为。可见，从整体而言，初中生的责任感意识和行为缺失，培养初中生的责任感是一项极其重要的工作，亟待引起高度的重视。

二、引起初中生责任感缺失的原因

初中生责任感的缺失是众多因素综合作用的结果，究其原因主要有来自家庭、学校、社会、自身等方面。

1. 家庭教育忽视对责任感的培养

目前初中生群体主要是00后，而且多来自独生子女的家庭，一方面，家长不愿让孩子多承担家庭责任，对家务活动等小事情往往大包大揽，使得学生养成懒散的习惯；另一方面，父母长辈的过分宠爱，往往物极必反，使得孩子缺乏正确的是非观念，稍不顺心，就把情绪发泄在长辈身上，家庭地位的偏差使得孩子形成以自我为中心的思想，导致在家庭责任感的形成上缺乏积极性和主动性。

同时受传统思想观念的影响，大多数家长往往将注意力放在孩子的学习上，而忽视孩子在道德、行为、习惯等方面的教育。再加上部分家庭对社会道德的理解上，存在得过且过的心理，只要不干什么违法乱纪的事情，其他的就无关紧要，这种教育方式会影响孩子在这方面的价值判断和选择，进而影响责任感的形成。

2. 学校教育缺乏具体性和针对性

在学校教育方面，在对学生的课程教育、德育教育、班级教育方面有时缺乏合适的教育机制，如在课程教育上一刀切，没有针对一些学习成绩较弱的学生采用更有针对性的教育方式。在学生德育教育工作上的重视不够，有时流于形式，比如在德育教育上往往是以严厉的批评为主，缺乏更为合适、有效的引导和教育方式。在班级教育上，主要由老师口头讲授，内容缺乏具体性和生动性，因此缺乏实践价值，导致部分学生对自身、对集体缺乏责任感，不对自己负责、也不愿意为班级付出。

3. 社会教育的宣传与执行力不足

在社会教育方面，在宣传上仅仅是通过文字、图片进行宣传，这种宣传方式对学生的影响是微乎其微的；从执行上而言，对一些扰乱社会公共秩序的不良行为，有时仅采取口头劝阻的方式，容易在学生心中形成无所谓的心理。

当前社会各种信息冗杂，各种负面新闻、不良信息层出不穷，时而出现损人利己、言行不一等不良风气，使得初中生的价值观会偏向错误的方向发展，在一定程度上影响初中生责任感的形成。

4. 自身的教育处于不成熟的状态

在初中阶段，学生的年龄在12～15岁之间，正处于青春发育的初期，这一阶段的基本特征是在快速发育的生理状态和"独立性""成人感"的心理意识产生的双重因素作用下，他们的逆反思想愈发突出，同时自控力也不够强，出现"道理都明白，但是自觉性不高，责任感不强，很难做得到"的现象。

年龄尚小与社会阅历的不足使得他们在自身的教育上处于不成熟的状态，往往会根据接触到片面的经历，对事物做出判断和评价，特别是在责任的承担上总按照自己的片面理解而做出决策，最终导致那些本应该自觉承担的责任却没有做到。

三、培养初中生责任感的策略

责任感是个人成长的内生驱动力，有利于自我价值的实现，也能为集体、社会、国家做出贡献。培养初中生的责任感应树立整体意识，需要家庭、学校、社会以及自身等多方力量的协同努力。

1. 家庭方面

首先，家长应转变教育观念。将孩子放在家庭中的平等地位，积极听取他们的意见和想法，培养他们的责任意识。其次，做好家庭分工。家庭里的家务活应明确分工，对于孩子力所能及的家务，应鼓励他们主动去干，在成就感中增强责任感，引导孩子对自己的言行负责，对于孩子的错误，应采用亲和的态度和能接受的方式来教导孩子主动担责。

2. 学校方面

（1）德育教育培养责任意识。

学校拥有丰富的德育教育资源，发挥基础性作用的是校园精神文化和制度，同时以往的优秀事迹、文化典籍、校园精神等，都在培养初中生建立优良的责任品质上，潜移默化地发挥着榜样、激励、制约作用，能引导学生向正确的方向发展。通过丰富的宣传载体来传递主流价值观，在潜移默化中增强学生的责任感，例如利用文化墙、宣传栏等形式宣传社会主义核心价值观、民族精神、榜样人物事迹，让学生接受熏陶。丰富德育形式和内容，利用升旗仪式、班会等，增强学生的集体荣誉感和责任感；定期前往爱国主义教育基地和国防教育基地参观学习，加强劳动教育，培养学生对集体、国家的责任感。

（2）学科教学加入责任教育。

课堂是学生接受教育的主要场所，而教师教学在培养学生正确的价值取向、形成思想文化观念等方面发挥重要的作用。因此在课堂教育的主阵地，教师应积极弘扬社会主义核心价值观，并在日常的教学中，加入社会主义道德建设、思想引领等方面的内容，采用合理、有序的方式落实，让学生在学习中体会到责任感的重要性。例如思政课要加强学会对自己负责、承担历史重任、维护国家利益等方面的教育；历史课向学生讲述中华民族的伟大复兴史，引导他们形成对国家、社会的历史使命感和责任感。

（3）课外活动丰富责任实践。

课外活动能丰富学生责任感的实践价值，开展一系列责任教育相关的实践活动，通过文艺汇演、志愿服务、社会调查、研学旅行等形式，促使学生把责任意识转化为实际的行动，让他们在社会实践的亲身体验中，充分理解责任感的重大意义和价值，增强社会责任感。

3. 社会方面

新闻事件是培养初中生生活责任感的重要内容，应加强对涉及社会责任感的新闻事件的多渠道宣传、丰富宣传形式，使学生在精神层面上形成责任意识，并加强对社会不良行为的打击，为学生形成高度的社会责任感营造一个良好的社会环境。

4. 学生自身

培养初中生的责任感从根源来讲，在于学生自身，所以在日常的学习、社会生活中，学生应坚定责任信念，自觉承担起作为社会主义接班人的责任，无论是家务劳动、读书学习还是遵守社会规则等，都应做到认真落实。

综上所述，初中生责任感的培养不是一蹴而就的，需要在实践中不断探索和总结，同时充分发挥家庭、学校、社会以及学生自身的力量，在协同努力下才能逐步培养起学生的责任感和信念。

参考文献

［1］严莹.初中生社会责任素养的现状及学校教育策略［D］.湖南：湖南大学，2019.

［2］韦乡逢.城乡接合部初中生家庭教育责任转移研究［D］.桂林：广西师范大学，2008.

［3］曹华勇.初中思想品德中的责任意识教育分析［J］.西部素质教育，2017，3（01）：61.

［4］朱彩玲.心理健康教育主题班会对初中生责任意识的提升研究［D］.南昌：南昌大学，2016.

［5］秦伟.初中历史教学中社会责任感培养研究［D］.济南：山东师范大学，2012.

［6］汪晓凤.初中生责任教育存在的问题及对策研究［D］.重庆：重庆师范大学，2016.